轻阅读书系

戊戌政变记

梁启超 著

北方联合出版传媒(集团)股份有限公司

万卷出版公司

© 梁启超 2015

图书在版编目（ＣＩＰ）数据

戊戌政变记 / 梁启超著. —— 沈阳：万卷出版公司，
2015.6（2023.5 重印）
（轻阅读）
ISBN 978-7-5470-3608-2

Ⅰ.①戊… Ⅱ.①梁… Ⅲ.①戊戌变法－史料 Ⅳ.
① K256.506

中国版本图书馆 CIP 数据核字 (2015) 第 068786 号

出 品 人：王维良
出版发行：北方联合出版传媒（集团）股份有限公司
　　　　　万卷出版公司
　　　　　（地址：沈阳市和平区十一纬路 29 号　邮编：110003）
印 刷 者：三河市双升印务有限公司
经 销 者：全国新华书店
幅面尺寸：150mm×215mm
字　　数：133 千字
印　　张：12.75
出版时间：2015 年 6 月第 1 版
印刷时间：2023 年 5 月第 2 次印刷
责任编辑：胡　利
责任校对：张　莹
封面设计：王晓芳
内文制作：王晓芳
ISBN 978-7-5470-3608-2
定　　价：49.00 元
联系电话：024-23284090
传　　真：024-23284448

序 言

年少读书，老师总以"生而有涯，学而无涯"相勉励，意思是知识无限而人生有限，我们少年郎更得珍惜时光好好学习。后来读书多了，才知庄子的箴言还有后半句："以有涯随无涯，殆已！"顿感一代宗师的见识毕竟非一般学究夫子可比。

一代美学家、教育家朱光潜老先生也曾说："书是读不尽的，就读尽也是无用。"理由是"多读一本没有价值的书，便丧失可读一本有价值的书的时间和精力"，可见"英雄所见略同"。

当代人的生活节奏越来越快，很多人感慨抽出时间来读书俨然成为一种奢侈。既然我们能够用来读书的时间越来越宝贵，而且实际上也并非每本书都值得一读，那么如何从浩瀚的书海中挑出真正适合自己的好书，就成为一项重要且必不可少的工作。于是，我们编纂了这套"轻阅读"书系，希望以一愚之得为广大书友们做一些粗浅的筛选工作。

本辑"轻阅读"主要甄选的是民国诸位大师、文豪的著作，兼选了部分同一时期"西学东渐"引入国内的外国名著。我们之所以选择这个时期的作品作为我们这套书系的第一辑，原因几乎是不言而喻的——这个时期是中国学术史上一个大时代，只有春秋战国等少数几个时代可以与之媲美，而且这个时代创造或引进的思想、文化、学术、文学至今对当代人还有着深远的影响。

当然，己所欲者，强施于人也是不好的，我们无意去做一个惹人生厌的、给人"填鸭"的酸腐夫子。虽然我们相信，这里面的每一本书都能撼动您的心灵，启发您的思想，但我们更信任读者您的自主判断，这么一大套书系大可不必读尽。若是功力不够，勉强读尽只怕也难以调和、消化。崇敬慷慨激昂的闻一多的读者未必也欣赏郁达夫的颓废浪漫；听完《猛回头》《警世钟》等铿锵澎湃的革命号角，再来朗读《翡冷翠的一夜》等"吴侬软语"也不是一个味儿。

读书是一件惬意的事，强制约束大不如随心所欲。偷得浮生半日闲，泡一杯清茶，拉一把藤椅，在家中阳光最充足的所在静静地读一本好书，聆听过往大师们穿越时空的凌云舒语，岂不快哉？

周志云

目 录

第一篇　改革实情

第一章　康有为向用始末

孟子曰："入则无法家拂士，出则无敌国外患者，国恒亡。"信哉言乎！吾国四千余年大梦之唤醒，实自甲午战败割台湾偿二百兆以后始也。我皇上赫然发愤，排群议，冒疑难，以实行变法自强之策，实自失胶州旅顺大连湾威海卫以后始也。自光绪十四年，康有为以布衣伏阙上书，极陈外国相逼，中国危险之状，并发俄人蚕食东方之阴谋，称道日本变法致强之故事，请厘革积弊，修明内政，取法泰西，实行改革。当时举京师之人，咸以康为病狂，大臣阻格，不为代达。康乃归广东开塾讲学，以实学教授弟子，及乙未之役，复至京师，将有所陈。适和议甫就，乃上万言书，力陈变法之不可缓。谓宜乘和议既定，国耻方新之时，下哀痛之诏，作士民之气，则转败为功，重建国基，亦自易易。书中言改革之条理甚详。既上，皇上嘉许，命阁臣钞录副本三分，以一分呈西后，以一分留乾清宫南窗，以备乙览，以一分发各省督抚会议。康有为之初承宸眷，实自此始。时光绪二十一年四月也。

五月，康有为复上书言变法之先后次第，盖前书仅言其条理，未及下手之法也。是时守旧大臣，已有妒嫉康之心，复阻格不为代奏。于时师傅翁同龢，兼直军机，性行忠纯，学问极博。至甲午败后，知西法不能不用，大搜时务书而考求之，见康之书大惊服，时翁与康尚未识面。先是，康有为于十四年奏言日人变法自强，将规朝鲜及辽台，及甲午大验，翁同龢乃悔当时不用康有为言，面谢之。后乃就见康商榷治法。康有为极陈列国并争，非改革不能立国之理，翁反覆询诘，乃益豁然，索康所著之书。自是翁议论专主变法，比前若两人焉。翁者皇上二十年之师傅，最见信用者也。备以康之言达皇上，又日以万国之故，西法之良，启沃皇上。于是皇上毅然有改革之志矣。其年六月，翁与皇上决议拟下诏救十二道，布维新之令。既而为西后所觉察，乃撤翁毓庆宫行走，而皇上信用之汪鸣銮、长麟等皆褫革。自是变法之议中止，而康亦出都南归，复游历讲学于江南上海广东广西浙江之间。光绪二十三年十二月，德人占踞胶州之事起，康驰赴北京，上书极陈事变之急，其书曰：

　　具呈工部主事康有为，为外衅危迫，分割洊至，急宜及时发愤，革旧图新，以少存国祚，呈请代奏事。窃自马江败后，法人据越南，职于此时隐忧时事，妄有条陈，发俄日之谋，指朝鲜之患，以为若不及时图治，数年之后，四邻交逼，不能立国。已而东师大辱，遂有割台赔款之事，于是外国蔑视，海内离心，职忧愤迫切，谬陈大计。及时变法，图保疆圉，妄谓及今为之，犹可补牢。如再徘徊迟疑，苟且度日，因循守旧，坐失时机，则外患内讧，间不容发，迟之期月，事变之患，旦夕可致。后欲悔改，不可收拾，虽有善者，无如之何。危言狂论，冒犯刑诛，荷蒙皇上天地之量，俯采刍荛，下疆臣施行，以图卧薪尝胆之治，职诚感激圣明，续有陈论，格未得达。旋即告归，去国二年，侧望新政，而泄沓如故，坐以待亡，土室抚膺，闭门泣血。顷果有德人强据胶州之事，要索条款，外廷虽不得其详。职从海上来，阅外国报，有革李秉衡，索山东铁路矿务，传闻章高元及知县，已为所掳。德人修造炮台兵房，进据即墨，并闻德王胞弟亲统兵来。俄日屯买吾米各七百万。日本议院日日会议。万国报馆议论沸腾，咸以分中国为言。若箭在弦，省括即发，海内惊惶，乱民蠢动。职诚不料昔时忧危之论，仓猝遽验于目前，更不料盈廷缄默之风，沉痼更深于昔日。瓜分豆剖，渐露机牙，恐惧回惶，不知死所。用敢万里浮海，再诣阙廷，竭尽愚诚，惟皇上自垂览而采择焉。夫自东师辱后，泰西蔑视，以野蛮待我，以愚顽鄙我，昔视我为半教之国者，今等我于非洲黑奴矣，昔憎我为倨傲自尊者，今则侮我为聋瞽蠢冥矣。按其公法均势保护诸例，只为文明之国，不为野蛮，且谓剪灭无政教之野蛮，为救民水火。故十年前吾幸无事者，泰西专以分非洲为事耳，今非洲剖讫，三年来泰西专以分中国为说，报章论议，公托义声，其分割之图，传遍大地，擘画详明，绝无隐讳，此尚虚声，请言实践，俄德法何事而订密约，英日何事而订深交。土希之役，诸国何以惜兵力而不用，战舰之数，诸国何以竞厚兵而相持。号于众曰：保欧洲太平，则其移毒于亚洲可知。文其言曰：保教保商，则其垂涎于地利可想。英国《太晤士报》论德国胶事，处置中国，极其得宜。譬犹地雷四伏，药线交通，一处火燃，四面皆应。胶警乃其借端，德国固其嚆矢耳。二万万膏腴之地，四万万秀淑之民，诸国耽耽，朵颐已久，慢藏诲盗，陈之交衢，主者屡经抢掠，高卧不醒，守者袖手熟视，若病青狂，唾手可得，俯拾即是。如蚁慕膻，闻风并至。失鹿共逐，抚掌欢呼。其始壮夫动其食指，其后老稚亦分杯羹。诸国咸来，并思一脔，昔者安南之役，十年乃有东事，割台之后，两载遂有胶州。中间东三省龙州之铁路，滇粤之矿，土司野人山之边疆尚不计矣。自尔之后，赴机愈急，蓄势益紧，事变之来，日迫一日。教堂遍地，无刻不可启衅。矿产遍地，无处不可要求，骨肉有限，剥削无已，且铁路与人，南北之咽喉已绝，疆臣斥逐，用人之大权亦失。浸假如埃及之管其户部，如土耳其之柄其国政，枢垣总署，彼皆可派其国人，公卿督抚，彼且将制其死命。鞭笞亲贵，奴隶重臣。囚奴士夫，蹂践民庶。甚则如土耳其之幽废国主，如高丽之祸及君后。又甚则如安南之尽取其土地人民，而存其虚号，波兰之宰割均分，而举其国土。马达加斯加以挑水起衅而国灭，安南以争道致命而社墟，蚁穴溃堤，衅不在大。职恐自尔之后，皇上与诸臣，虽欲苟安旦夕，歌舞湖山而不可得矣。且恐皇上与诸臣求为长安布衣而不可得矣。后此数年，中智以下，逆料而知，必无解免。然其他事，职犹可先言之。若变辱非常，则不惟辍简而不忍著诸篇，抑且泣血而不能出诸口，处小朝廷而求活，则胡铨所羞，待焚京邑而忧惶，则董遇所鄙。此则职中夜屑涕，仰天痛哭，而不能已于言者也。夫谓皇上无发愤之心，诸臣无忧国之意，坐以待毙，岂不宜然。然伏观皇上发愤之心，昭于日月，密勿重臣，及六曹九列之贤士大夫，忧国之诚，癯颜黑色，亦且暴著于人。顾日言自强，而弱日甚，日思防乱，而乱日深者何哉？盖南辕而北辙，永无税驾之时，缘木而求鱼，决无得鱼之日，职请质言其病，并粗举治病之方。《仲虺之诰》曰：兼弱攻昧，取乱侮亡。吾既自居于弱昧，安能禁人之兼攻。吾既日即于乱亡，安能怨人之取侮？不知病所，而方药杂投，不知变症，而旧方犹守。其加危笃固也，职请以仲虺之说明之，欧洲大国，岁入数千万万，练兵数百万，铁舰数百艘，新艺新器岁出数千，新法新书岁出数万，农、工、商、兵、士皆专学，妇女童孺，人尽知书。而吾岁入七千万，偿款乃二万万，则财弱。练兵、铁舰无一，则兵弱。无新艺、新器之出，则艺弱。兵不识字，士不知兵，商无学，农无术，则民智弱。人相偷安，士无侠气，则民心弱，以当东西十余新造之强邻，其必不能禁其兼者势也。此仲厖兼弱之说可畏也，大地八十万里，中国有其一。列国五十余，中国居其一，地球之通自明末，轮路之盛自嘉道，皆百年前后之新事，四千年未有之变局也。列国竞进，水涨堤高，比较等差，毫厘难隐。故管子曰：国之存亡，邻国有焉。众治而己独乱，国非其国也，众合而己独孤，国非其国也。顷闻中朝诸臣，狃承平台阁之习，袭簿书期会之常，犹复以尊王攘夷，施之敌国，拘文牵例，以应外人，屡开笑资，为人口实，譬凌寒而衣绤绤，当涉川而策高车，纳侮招尤，莫此为甚。咸同之时，既以昧不知变而屡挫矣，法日之事，又以昧不知变而有今日矣。皇上堂陛尊崇，既与臣民隔绝，恭亲王以藩邸议政，亦与士夫不亲，吾有四万万人民，而执政行权，能通于上者，不过公卿台谏督抚百人而已。自余百僚万数，无由上达，等于无有。而公卿台谏督抚，皆循资格而致，既已裹足未出外国游历，又以贵倨未近通人讲求。至西政新书，多出近岁，诸臣类皆咸同旧学，当时未有，年耄精衰，政事丛杂，未暇更新考求，或竟不知万国情状。其蔽于耳目，狃于旧说，以同自证，以习自安，故贤者心思智虑，无非一统之旧说，愚者骄倨自喜，实便其尸位之私图。有以分裂之说来告者，傲然不信也。有以侵权之谋密闻者，瞢然不察也。语新法之可以兴利，则瞋目而诘难。语变政之可以自强，则掩耳而走避。老吏舞文，称历朝之成法，悚然听之者，盖十而六七矣。迂儒帖括，诩正学之昌言，瞿然从之者，又十而八九矣。无一事能究其本原，无一法能穷其利弊，即聋从昧，国皆失目，而各国游历之人，传教之士，察我形胜，测我盈虚，言财政详于度支之司，谈物产精于商局之册，论内政或较深于朝报，陈民隐或更切于奏章。举以相质，动形窘屈，郑昭宋聋，一以免患，一以召祸。况各国竞骛于聪明，而我岸然自安其愚暗。将以求免，不亦难乎？此而望其尽扫旧弊。力行新政，必不可得，积重难返，良有所因，夜行无烛，瞎马临池，今日大患，莫大于昧。故国是未定，士气不昌，外交不亲，内治不举，所闻日孤，有援难恃。其病皆在于此，用是召攻，此仲虺攻昧之说可惧也。自台事后，天下皆知朝廷之不可恃。人无固志，奸宄生心，陈涉辍耕于陇上，石勒倚啸于东门，所在而有，近边尤众，伏莽遍于山泽，教民遍于腹省。今岁广西全州、灌阳、兴安、东兰、那地、泗城、电白已见告矣。匪以教为仇雠，教以匪为口实，各连枝党，发作待时，加以贿赂昏行，暴乱于上，胥役官差，蠥乱于下，乱机遍伏，即无强敌之逼，揭竿斩木，已可忧危。况滇池盗弄之余，彼西人且将藉口兴师，为我定乱。国初截流贼而定都京邑，俄人逐回匪而占踞伊犁，兵家形势，中外同揆。覆车之辙，可为殷鉴。此仲虺所谓取乱者可惧也。有亡于一举之割裂者，各国之于非洲是也。有亡于屡举之割裂者，俄、德、奥之于波兰是也。有尽夺其政权而一旦亡之者，法之于安南是也。有遍据其海陆形胜之地，而渐次亡之者，英之于印度是也。欧洲数强国，默操成算，纵横寰宇，以取各国殷鉴具存，覆车可验，当此主忧臣辱之日，职亦何忍为伤心刺耳之谈。顾见举朝上下，相顾嗟呀，咸识沦亡，不待中智，群居叹息，束手待毙。耆老仰屋而咨嗟，少壮出门而狼顾。并至言路结舌，强臣低首，不惟大异于甲申，亦且迥殊于甲午。无有结缨誓骨，慷慨图存者。生机已尽，暮色惨凄，气象如此，可骇可悯，此真自古所无之事，夫至于公卿士庶，偷生苟活，候为欧洲之奴隶，听其犬羊之缚，哀莫大于心死，病莫重于痹瘲，欲陨之叶，不假于疾风，将萎之华，不劳于触手，先亡已形。此仲虺所谓侮亡之说尤可痛也。然原中朝敢于不畏分割，不惮死亡者，虽出于昧，亦由误于有恃焉。夫欲托庇强邻，藉为救援，亦必我能自立。则犄角成势，彼乃辅车，若我为附枝，则卧榻之侧，岂容鼾睡。齐王建终伤松柏，李后主终坐牵机。且泰西兵事，决胜乃战，一旦败绩，国可破灭。俄、德力均，岂肯为我用兵或败大局哉？此又中智以下咸知难恃者也。如以泰西分割亚洲，连难互忌，气势甚缓，突厥频割大藩，尚延残喘，波斯尽去权利，犹存旧封，中国幅员广袤，从容分割，缓缓支持，可历年所，执政之人，皆已耆老，冀幸一身可免，听其贻祸将来。然突厥之回教，专笃悍强，西人所畏，吾则民教柔脆而枯朽，波斯之国主，纤尊游历西国尽遍，吾虽亲王宰相，闭户而潜修，分局早定，民心已变，瑞典使臣之奔告，各国新报之张皇，亚洲旧国，近数年间，岁有剪灭，近且殆尽，何不取鉴之？祸起旦夕，华命尽丧，而谓可延年载，老人可免，此又掩耳盗铃，至愚自欺之术也。譬巨室失火，不操水呼救，而幸火未至，入室窃宝，屋烬身焚，同归于尽而已。故职窃谓诸臣即不为忠君爱国计，亦当自为身谋也。皇上远观晋宋，近考突厥，上承宗庙，孝事皇太后。即不为天下计，独不计及宋世谢后签名降表，徽钦移徙五国之事耶。近者诸臣泄泄，言路钳口，且默窥朝旨，一切讳言，及事一来，相与惶恐，至于主辱臣死，虽粉身灰骨，天下去矣，何补于事，不早图内治，而十数王大臣俯首于外交，岂惟束手，徒增耻辱而已。不豫修于平时，一旦临警，张皇而求请，岂能弥缝，徒增赔割而已。故胶警之来，不在今日之难于对付，而在向者之不发愤自强也。势弱至此，岂复能进而折冲，惟有急于退而结网，职不避斧钺，屡有所陈，今日亦不敢言自保，言图存而已。亦不敢言图存，即为偏安之谋，亦须早定规模已耳，殷忧所以启圣，外患所以兴邦，不胜大愿，伏愿皇上因胶警之变，下发愤之诏，先罪己以励人心，次明耻以激士气。集群材咨问以广圣听，求天下上书以通下情。明定国是，与海内更始，自兹国事付国会议行，纡尊降贵，延见臣庶，尽革旧俗，一意维新，大召天下才俊，议筹款变法之方，采择万国律例，定宪法公私之分，大校天下官吏贤否，其疲老不才者，皆令冠带退休，分遣亲王大臣及俊才出洋，其未游历外国者，不得当官任政，统算地产人工，以筹岁计豫算，察阅万国得失，以求进步改良。罢去旧例，以济时宜，大借洋款，以举庶政。若诏旨一下，天下雷动，士气奋跃，海内耸望，然后破资格以励人材，厚俸禄以

戊戌政变记

养廉耻，停捐纳，汰冗员，专职司，以正官制。变科举，广学校，译西书以成人材，悬清秩功牌，以奖新艺新器之能，创农政商学，以为阜财富民之本。改定地方新法，推行保民仁政，若卫生济贫，洁监狱，免酷刑，修道路，设巡捕，整市场，铸钞币，创邮船，徙贫民，开矿学，保民险，重烟税，罢厘征，以铁路为通，以兵船为护，夫如是则庶政尽举，民心知戴。但天下人心离散，当日有恩意慰抚，以团其情，志士之志气劣弱，当激以强健豪侠，以壮其气。然后尽变民兵，令每省三万人，而加之训练，大购铁舰，须沿海数十艘，而习以海战。诏令日下，百举维新，诚意谆恳，明旨峻切，料所有新政诏书，虽未推行，德人闻之，便当退舍。但各国兵机已动，会议已纷，宜急派才望素重，文臣辩士，分游各国，结其议员，自开新报之馆，商保太平之局，散布论议，耸动英、日，职以为用此对付，或可缓兵。然后雷厉风行，力推新政，三月而政体略举，期年而规模有成，海内回首，外国耸听矣。皇上发奋为雄，励精图治，于中国何有焉。论者谓病入膏肓，虽和缓扁鹊不能救，火燃眉睫，虽焦头烂额不为功。天运至此，无可换回，况普国变法而法人禁之，毕士马克作内政而后立，美国制造铁炮，而英人禁之。华盛顿托荒岛而后成，近者英人有禁止出售机器于我之说，俄、法欲据我海关、铁路、矿务、银行、练兵之权，虽欲变法，虑掣我之肘，职窃以为不然。少康以一成一旅而光复旧物，华盛顿无一民尺土，而保全美国。况以中国二万里之地，四万万之民哉。顾视皇上志愿何如耳，若皇上赫然发愤，虽未能遽转弱而为强，而仓猝可图存于亡。虽未能因败以成功，而俄顷可转乱为治。职犹有三策以待皇上决择焉。夫今日在列大竞争之中，图保自存之策，舍变法外别无他图。此谈经济者异口而同词，亦老于交涉之劳臣所百虑而莫易，顾革故鼎新，事有缓急。因时审势，道备刚柔，其条目之散见者，当世之士能言之。职前岁已条陈之，今不敢泛举，请言其要者，第一策曰：采法、俄、日以定国是，愿皇上以俄国大彼得之心为心法，以日本明治之政为政法而已。昔彼得为欧洲所摈，易装游法，变政而遂霸大地，日本为俄美所迫，步武泰西，改弦而雄视东方。此二国者，其始遭削弱与我同，其后底盛强与我异，日本地势近我，政俗同我，成效最速，条理尤详，取而用之，尤易措手。闻皇上垂意外交，披及西学，使臣游记，泰西纂述，并经乙览，不废刍荛。若西人所著之泰西新史揽要，列国变通兴盛记，尤为得要，且于俄、日二主之事，颇有发明，皇上若俯采远人，法此二国，诚令译署进此书，岁余披阅，职尚有日本变政之次第，若承垂采，当写进呈，皇上劳精厉意讲之于上，枢译诸大臣各授一册讲之于下。权衡在握，施行自易，起衰振靡，警聩发聋，其举动非常，更有迥出意外者，风声所播，海内慑耸。职可保外人改视易听，必不敢为无厌之求。盖遇昧者其胆豪，见明者则气怯，且虑我地大人众，一旦自强，则报复更烈，非皇上洞悉敌情，无以折冲樽俎，然非皇上采法、俄、日，亦不能为天下雄也。其第二策曰：大集群才而谋变政，六部九卿诸司百执，自有才贤，咸可咨问，若内政之极垣，外政之译署，司计之户部，司法之刑曹，议论之台谏翰林尤为要剧。宜精选长贰，逐日召见，虚己请求，若者宜革，若者宜因，若者当先，若者当后，谋议既定，次第施行，期年三月，成效必睹。其第三策曰：听任疆臣各自变法，夫直省以朝廷为腹心，朝廷以行省为手足。同治以前，督抚权重，外人犹有忌我之心，近岁督抚权轻，外人之藐我益甚。朝廷苟志存通变，宜通饬各省督抚，就该省情形，或通力合作，或专力致精，取用新法，行以实政，目前不妨略异。三年要可大同，宽其文法，严为督厉，守旧而不知变者斥之。习故而不能改者去之，要以三年，期使各省均有新法之练兵数千，新法之税款数万，制造之局数处，五金之矿数区，学校增设若干，道路通治若干，粗定课程，以为条格。如此则百废具举，万象更新，销萌建威，必有所济。我世宗宪皇帝注意督抚，而政举兵强。我文宗显皇帝、穆宗毅皇帝委重督抚，而中兴奏绩，重内轻外之说，帖括陈言，非救时至论也。凡此三策，能行其上，则可以强，能行其中，则犹可以弱，仅行其下，则不至于尽亡，惟皇上择而行之，宗社存亡之机，在于今日。皇上发愤与否，在于此时，若徘徊迟疑，因循守旧，一切不行，则幅员日割，手足俱缚，腹心已刲，欲为偏安，无能为计。圈牢羊豕，宰割随时，一旦裔割，亦固其所。职上为君国，下为身家，苦心忧思，虑不能免，明知疏逖，岂敢冒越，但栋折榱坏，同受倾压，心所谓危，急何能择。若皇上少采其言，发奋维新，或可图存，宗社幸甚，天下幸甚。职虽以狂言获罪，虽死之日，犹生之年也。否则沼吴之祸立见，裂晋之事即来，职诚不忍见煤山前事也。瞻望宫阙，忧思愤盈，泪尽血竭，不复有云，冒犯圣听，不胜战栗屏营之至，伏维代奏皇上圣鉴，谨呈。

书上，工部大臣恶其伉直，不为代奏，然京师一时传钞，海上刊刻，诸大臣士人共见之，莫不嗟悚，有给事中高燮曾者，见其书叹其忠，乃抗疏荐之。请皇上召见，皇上将如所请。恭亲王进谏曰："本朝成例，非四品以上官不能召见。今康有为乃小臣，皇上若欲有所询问，命大臣传语可也。"皇上不得已，正月初三日遂命王大臣延康有为于总署，询问天下大计变法之宜。并令如有所见，及有著述论政治者，可由总署进呈。于是其书卒得达，皇上览之，肃然动容，指篇中求为长安布衣而不可得，及不忍见煤山前事等语，而语军机大臣曰："非忠肝义胆，不顾死生之人，安敢以此直言陈于朕前乎？"叹息者久之，康之此书，以去年十一月上于工部，至今年五月始得达御览。皇上乃命总署诸臣，自后康有为如有条陈，即日呈递，无许阻格。并宣取康所著《日本变政考》、《俄皇大彼得传》等书，而翁同龢复面荐于上，谓康有为之才，过臣百倍，请皇上举国以听，自此倾心向用矣。上命康有为具折上言，正月初八日康有为上疏统筹全局。其疏曰：

戊戌政变记

工部主事臣康有为跪奏，为国势危迫，分割洊至，请及时变法，定国是而筹大计，恭折仰祈圣鉴事。窃顷者德人割据胶州，俄人窃伺旅大，诸国环伺，岌岌待亡。自甲午和议成后，臣累上书，极陈时危，力请变法，格未得达，旋即告归，土室抚膺，闭门泣血，未及三年，遂有兹变。臣万里浮海，再诣阙廷，荷蒙皇上不弃刍荛，特命总理各国事务王大臣传询，问以大计，复命具折上陈，并宣取臣所著《日本变政考》、《俄大彼得变政考》进呈御览。此盖历朝未有之异数，而大圣人采及葑菲之盛德也。臣愚何人，受此殊遇，遭际时艰，敢不竭尽其愚，以备采择。臣闻方今大地守旧之国，未有不分割危亡者也。有次第胁割其土地人民而亡之者，波兰是也。有尽取其利权一举而亡之者，缅甸是也。有尽亡其土地人民而存其虚号者，安南是也。有收其利权而后亡之者，印度是也。有握其利权而徐分割而亡之者，土耳其、埃及是也。我今无士、无兵、无饷、无船、无械，虽名为国，而土地、铁路、轮船、商务、银行，惟敌之命，听容取求。虽无亡之形而有亡之实矣。后此之变，臣不忍言。观大地诸国，皆以变法而强，守旧而亡。然则守旧开新之效，已断可睹矣。以皇上之明，观万国之势，能变则存，不变则亡。全变则强，小变仍亡。皇上与诸臣审知其病之所源，则救病之方，即在是矣。夫方今之病，在笃守旧法，而不知变，处列国竞争之世，而行一统垂裳之法。此如已夏而衣重裘，涉水而乘高车，未有不病喝而沦胥者也。《大学》言日新又新，《孟子》称新子之国，《论语》孝子毋改父道，不过三年，然则三年之后，必改可知。夫物新则壮，旧则老，新则鲜，旧则腐，新则活，旧则板，新则通，旧则滞，物之理也。法既积久，弊必丛生。故无百年不变之法，况今兹之法，皆汉唐元明之弊政，何尝为祖宗之法度哉？又皆为胥吏舞文作弊之巢穴，何尝有丝毫祖宗之初意哉？今托于祖宗之法，固已诬祖宗矣。且法者所以守地者也，今祖宗之地既不守，何有于祖宗之法乎？夫使能守祖宗之法，而不能守祖宗之地，与稍变祖宗之法，而能守祖宗之地，孰得孰失，孰重孰轻，殆不待辨矣。虽然，欲变法矣，而国是未定，众论不一，何从而能舍旧图新哉？夫国之有是，犹船之有舵，方之有针，所以决一国之趋向，而定天下之从违者也。若针之子午未定，舵之东西游移，则徘徊莫适，怅怅何之？行者不知所从，居者不知所往，放乎中流，而莫知所休，指乎南北，而莫知所极，以此而驾横海之大航，破滔天之巨浪，而适遭风沙大雾之交加，安有不沉溺者哉？今朝廷非不稍变法矣。然皇上行之，而大臣挠之，才士言之，而群僚攻之，不以为用夷变夏，则以为变乱祖制，谣谤并起，水火相攻，以此而求变法之有效，犹却行而求及前也，必不可得矣。皇上既审时势之不能不变，知旧法之不能不除，臣请皇上断自圣心，先定国是而已。国是既定矣，然下手之方，其本末轻重刚柔缓急不同，其规模条理纲领节目大异，稍有乖误，亦无成功，臣愚尝斟酌古今，考求中外，唐虞三代之法度至美，但上古与今既远，臣愿皇上日读《孟子》，师其爱民之心，汉唐宋明之沿革可采，但列国与统一迥异，臣愿皇上上考管子，师其经国之意，若夫美、法民政，英、德共和，地远俗殊，变久迹绝，臣故请皇上以俄大彼得之心为心法，以日本明治之政为政法也，然求其时地不远，教俗略同，成效已彰，推移即是。若名书佳画，黑迹尚存，而易于临摹。如宫室衣裳，裁量恰符，而立可铺设，则莫如取鉴于日本之维新矣。日本之始也，其守旧攘夷与我同，其幕府封建与我异，其国君守府，变法更难，然而成功甚速者，则以变法之始趋向之方针定，措施之条理得也。考其维新之始，百度甚多，惟要义有三：一曰大誓群臣以定国是；二曰立对策所以征贤才；三曰开制度局而定宪法。其誓文在决万几于公论，采万国之良法，协国民之同心，无分种族，一上下之议论，无论藩庶，令群臣咸誓言上表，革面相从，于是国是定，而议论一矣。召天下之征士、贡士，咸上书于对策所，五日一见，称旨者擢用，于是下情通而群才进矣。开制度局于宫中，选公卿、诸侯、大夫及草茅才士二十人充总裁，议定参预之任，商榷新政，草定宪法，于是谋议详而章程密矣。日本之强，效原于此。皇上若决定变法，请先举三者，大集群臣于天坛太庙，或御乾清门，诏定国是。躬申誓戒，除旧布新，与民更始，令群臣具名上表，咸革旧习，黾勉维新。否则自陈免官，以激厉众志，一定舆论。设上书所于午门，日轮派御史二人监收，许天下士民皆得上书，其群僚言事，咸许自达，无得由堂官代递，以致阻挠，其有称旨者，召见察问，量才择用，则下情咸通，群才辐辏矣。设制度局于内廷，选天下通才十数人，入直其中，王公卿士，仪皆平等，略如圣祖设南书房，世宗设军机处例，皇上每日亲临商榷，何者宜增，何者宜改，何者当存，何者当删，损益庶政，重草章程，然后敷布施行，乃不谬粲，近泰西政论，皆言三权，有议政之官，有行政之官，有司法之官，三权立，然后政体备。以我朝论之，皇上则为元首，百体所从，军机号为政府，出纳王命，然跽封顷刻，未能谋议，但为喉舌之司，未当论思之寄，若部寺督抚，仅为行政之官，譬于手足，但供奔持，岂预谋议，且部臣以守例为职，而以新政与之议，事既远例，必反驳而已，安有以手足而参谋猷哉？近者新政多下总署，总署但任外交，岂能兼营？况员多年老，或兼数差，共议新政，取决俄顷，欲其详美，势必不能，若御史为耳目之官，刑曹当司法之寄，百官皆备，而独无左右谋议之人，专任论思之司，然而新政之行否，实关军国之安危。而言者妄请施行，主者不知别择，无专司为之讨论，无宪法为之著明，浪付有司，听其抑扬，恶之者驳诘而不行，决之者仓卒而不尽，依违者狐疑而莫定。从之者条画而不详，是犹范人之形，有头目手足口舌身体，而独无心思。必至冥行擿埴，颠倒狂瞀而后已，以此而求新政之能行，岂可得哉？故制度局之设，尤为变法之原也。然今之部寺，率皆守旧之官，骤予改革，势难实行，既立制度局总其纲，宜立十二局分其事。一曰法律局，外人来者自治其民，不与我平等之权利，实为非常之国耻，彼以我刑律太重，而法规不同故也。今宜采罗马及英、美、德、法、日本之律，重定施行，不能骤行内地，亦当先行于通商各口，其民法、民律、商法、市则、舶则、讼律、军律、国际公法，西人皆极详明。既不能闭关绝市，则通商交际，势不能不概予通行，然既无律法，吏民无所率从，必致更滋百弊，且各种新法，皆我所夙无，而事势所宜。可补我所未备，故宜有专司，采定各律，以定率从。二曰度支局，我国地比欧洲，人数倍之，然患贫实甚，所入乃下等于智利、希腊小国，无理财之政故也。西人新法纸币、银行、印税、证券、讼纸、信纸、烟酒税、矿产、山林、公债，皆致万万，多我所无，宜开新局专任之。三曰学校局，自京师立大学，各省立中学，各府县立小学，及专门各学，若海陆医学、律学、师范学，编译西书，分定课级，非礼部所能办，宜立局而责成焉。四曰农局，举国之农田、山林、水产、畜牧，料量其土宜，讲求其进步改良焉。五曰工局，司举国之制造机器美术，特许其新制而鼓励之。其船舶市场新造之桥梁、堤岸、道路咸属焉。六曰商局，举国之商务、商学、商会、商情、商货、商律，专任讲求激厉之。七曰铁路局，举国之应修铁路，绘图定例权限咸属焉。八曰邮政局，举国皆行邮政以通信，命各省府县乡咸立分局，并电线属焉。九曰矿务局，举国之矿产、矿税、矿学属焉。十曰游会局，凡举国各政会、学会、教会、游历游学各国会，司其政律而鼓舞之。十一曰陆军局，选编国民为兵，而司其教练。十二曰海军局，治铁舰、练军之事。十二局设，庶政可得而举矣。然国政之立，皆以为民，民政不举，等于具文而已。夫地方之治，皆起于民，而自县令之下，仅一二簿尉杂流。未尝托以民治，县令任重而选贱，俸薄而官卑，自治狱催科外，余皆置之度外。其上乃有藩臬道府之辖，经累四重，乃至督抚，而后达于上。藩臬道府，拱手无事，皆为冗员，徒增文书费厚禄而已，一省事权，皆在督抚。然必久累资劳乃至此位，地大事繁，年老精衰，旧制且望而生畏，望其讲求新政而举行之，必不可得。向者学堂农商之诏累下矣，而各直省多以空文塞责，亦可见矣。日本以知县上隶于国，汉制百郡，以太守上达天子。我地大不能同日本，宜用汉制。每道设一民政局，妙选通才督办其事，用南书房及学政例，自一品至七品京朝官皆可为之，准其专折奏事，体制与督抚平等，用出使例，听其自辟参赞随员，俾其指臂，收得人之助，其本道有才者，即可特授，否则开缺另候简用，即以道缺给之。先拨厘税，俾其创办新政，每县设民政分局，督办派员会同地方绅士治之，除刑狱、赋税，暂时仍归知县外，凡地图、户口、道路、山林、学校、农工、商务、卫生、警捕，皆次第奉行。三月而备其规模，一年而责其成效，如此则内外并举，臂指灵通，宪章草定，举行有准，然后变法可成，新政有效也。若夫广遣亲王大臣游历以通外情，大译西书，游学外国，以得新学，厚俸禄以养廉耻，变通科举

·19·

戊戌政变记

以育人材，皆宜先行者。犹虑强邻四遍，不能容我从容图治也。且我民穷国匮，新政何以举行，闻日本之变法也先行纸币，立银行，财泉通流，遂以足维新之用。今宜大筹数万万之款，立局以造纸币，各省分设银行，用印度田税之法，仿各国印花之税。我地大物博，可增十倍，然后郡县遍立各种学堂，沿海急设武备学院，大购铁舰五十艘，急练民兵百万，则气象丕变，维新有图。虽不敢望自强，亦庶几可以自保。臣愚夙夜忧国，统筹大局，思之至详，其能举而行之，惟皇上之明，其不能举而行之，惟诸臣之罪，时贴国危，谨竭愚诚，伏乞皇上圣鉴谨呈。

书既上，命总理衙门王大臣会议，并进呈所著《日本变政考》、《俄彼得变政考》，并进英人李提摩太所译《桐西新史揽要》、《列国变通兴盛记》及《列国岁计政要》诸书，上置御案，日加披览，于万国之故更明，变法之志更决。日读康书，知之更深，于时皇上久欲召见康有为，而为恭亲王所抑，不能行其志，及四月恭亲王薨，翁同龢谋于上决计变法，开制度局而议其宜，选康有为任之。乃于四月二十三日，下诏定国是，二十五日下诏命康有为预备召见，二十八日遂召见于颐和园之仁寿殿，历时至九刻钟之久，向来召见臣僚，所未有也。康所陈奏甚多，皇上曰：国事全误于守旧诸臣之手，朕岂不知，但朕之权不能去之，且盈廷皆是，势难尽去，当奈之何？康曰：请皇上勿去旧衙门，而惟增置新衙门，勿黜革旧大臣，而惟渐擢小臣，多召见才俊志士，不必加其官，而惟委以差事，赏以卿衔，许其专折奏事足矣。彼大臣向来本无事可办，今但仍其旧，听其尊位重禄，而新政之事，别责之于小臣。则彼守旧大臣，既无办事之劳，复无失位之惧，则怨谤自息矣。即皇上果有黜陟之全权，而待此辈之大臣。亦只当如日本待藩侯故事，设为华族立五等之爵以处之，厚禄以养之而已，不必尽去之也。上然其言，此为康有为始觐皇上之事，实改革之起点，而西后与荣禄已早定密谋。于前一日下诏，定天津阅兵之举，驱逐翁同龢。而命荣禄为北洋大臣，总统三军，二品以上大臣，咸具折诣后前谢恩，政变之事，亦伏于是矣。

召见后，皇上命其在总理衙门章京上行走，并许其专折奏事。于是五月初一日康复上一疏曰：

奏为敬谢天恩，并统筹全局，恭折仰祈圣鉴事。窃臣岭海下士，才识暗愚，以时事艰难，屡次上书，冒渎天听，荷蒙皇上天地之量，采及刍荛，顷乃蒙过听虚声，特予召见。垂问殷勤，至过时许，容其愚狂，宽其礼数，复令有所条陈，准其专折递奏。殊恩异数，皆非小臣所当被蒙。又蒙圣恩令在总理衙门章京上行走。隆天重地，稠叠有加，臣俯念时艰，仰感知遇，只竭驽钝，图报涓埃。顷仰承圣训，以国家之败，归罪守旧诸人，臣妄陈大计，皆承俞允，仰见圣明天纵，求治若渴，洞万国之故，审时变之宜，此真中国之福也，四万万臣民之幸也。臣愚但有喜舞欣蹈，咏歌圣德，然皇上询访之盛意，臣何敢知而不言，臣今所欲陈者，曰统筹全局，以图变法，御门誓众，以定国是，开局亲临，以定制度三者而已。方今累经外患之来，天下亦知旧法之敝，思变计图存矣。然变其甲不变其乙，举其一而遗其二，枝枝节节而为之，逐末偏端而举之，无其本原，失其辅佐，牵连并败，必至无功，夫物之为体，合多质点而后成，室之可居，合多土木而后备。体不备谓之不成人，政不备亦为不成国。故臣以谓不变则已，若决欲变法，势当全变，如匠人筑室，千门万户，必绘图书，则先定雏形，而后鸠工庀材，乃行兴筑，若全局未定，图绘全无，听甲言而为杜为楠，尺寸不知，又听乙言，而肯构肯堂，木石未备，砖瓦乱构，工匠杂陈，及其全局合龙，必致乖忤凿枘。而风雨骤至，庇托仍无。若夫缝人裁衣，必量全体之度，庖人调味，必酌酱齑之宜。若妄施刀剪，势必颠倒裳衣，乱下盐梅，以至难供刀匕。薄物犹尔，况于举万里之国而治之哉，故臣请变法，不欲言某事宜举，某事宜行者，恐虽诏行，难收成效，必至与总督署、使馆、海军、船厂、电线、铁路、矿务、制造厂、同文馆，同为守旧者藉口攻挠而已。故今欲变法，请皇上统筹全局，商定政体，自百司庶政，用人外交，并草具纲领条目。然后涣汗大号，乃与施行本末并举，首尾无缺，治具毕张，乃收成效。臣所请统筹全局此也。顷月胶旅既割，内地权利尽失，危亡逼迫，若火燎原。皇上审时变法，发愤图存，特下诏书，明定国是。苦心明断，天下共知，而诸臣惑于旧俗，谣谤纷纭，或庸人知自知摈斥于维新，恐富贵之难保，或金人思媚于权贵，造疑谤而诋諆，交章飞文，变乱黑白，诬攻新政。贝锦如织，流言惑听，害过流贼，或老耄旧学，自托清流，挟用夷变夏之言，持变乱祖制之说，劫民乱听，众志荧惶，藐王言如弁髦，视纶音如草莽。臣惟三代大举，亦复胥动浮言，盘庚迁殷，屡烦誓诰，戒以黜心从一，责其绝秽自臭，警以祖父断弃，严以劓殄无遗，盖誓者经义所重，亦西国通行。昔圣祖高宗时，频有御门之典。臣伏乞皇上诹日斋戒，特御乾清门，大集群臣，相与敕誓，布诰天下，与民更始，咸令具名上表，尽革旧习，黾勉维新，其有不率，予之休免。其有造谣兴谤，不奉新政者，上用盘庚劓灭之刑，旁采泰西谣谤之律，明罚敕法，刑兹无赦。庶几浮言可靖，众志乃一，国是既定，而大势咸趋，臣所请御门誓众者此也。今天下言变者，曰铁路，曰矿务，曰学堂，曰商务，非不然也，然若是者，变事而已，非变法也。变一事者，微特偏端不举，即使能举，亦于救国之大体无成。非皇上发愤自强之意也，周公思兼三王，孔子损益四代，乃为变法，臣所请者，规模如何而起，条理如何而详，纲领如何而举，节目如何而备，宪法如何而定，章程如何而周，损益古今之宜，斟酌中外之善，若者宜革，若者宜增，若者宜删，若者宜改，全体商榷，重为草定。兹事体大，关国安危，举措偶乖，必至龃龉，此非特开专司以妙选通才，不足以商鸿业而定巨典。今欲行新政，但听人言，下之部议，尤重者或交总署极臣会议，然大臣皆老耄守旧之人，枢垣总署，皆兼差殷忙之候，求其议政详善，必不可得也。臣前请用日本例开制度局于内廷，选天下通才任之，皇上睹临，日共商榷，其有变法之折，并下制度局商议，拟旨施行，然后挈领振衣，目张纲举，新政可见，自强有效。臣所请开制度局者此也。虽然，以皇上之明，岂不知筹全局而全变哉，其有不能者，或势有所限也，然人主有雷霆万钧之力，所施无不披靡，就皇上所有之权，行方今可为之事，举本握要，则亦可一转移间而天下移风，振作人心矣。国势危迫，不能需时，及今为之，已迟不及事，惟皇上乾纲独揽，速断圣心，以救中国，天下幸甚。臣愚忧国，敢冒死竭拳拳，伏乞皇上圣鉴。谨奏。

　　时国是之诏既下，维新之议已决，而大臣等有所挟持，腹诽特甚，康有为正月所上请开制度局及增置二十局之疏，交总署议复者，至五月犹未复，皇上震怒，促其即复，至是复上，尽行驳斥，皇上召张荫桓切责之，谓汝等尽驳康某之奏，汝等欲一事不办乎？张叩头俯伏曰：此事重大，非臣数人所能决，请再派枢臣会议。皇上乃命军机大臣会议，复驳斥，皇上复亲书朱谕责之，发令再议，至六月始议上，然不过择其细端末节准行而已，余仍驳斥。皇上无如之何，盖皇上因西后之恶康，故欲借廷臣之议以行之，所以屡次发议也。而廷臣亦知皇上之无权，故敢于屡次驳斥也。

　　先是康未召见以前，于三月时开保国会于京师。士大夫集者数百人，御史潘庆兰、黄桂鋆、李盛铎屡疏劾之，既召见以后，礼部尚书许应骙、御史文悌，复疏劾之。皇上不为动，而许文二人，反因此获罪焉。自是忌者益甚，谣谤纷纭，其诬辞不堪入耳矣。

西后与大臣忌康既甚，皇上深知之。不敢多召见，有所询问，惟命总署大臣传旨，康则具折陈奏而已。而康有为所以启沃圣心，毗赞维新者，则尤在著书进呈之一事。盖康既呈所著书，皇上览观，恍然于变法之条理次序，及召见时，皇上亲命将所编辑欧洲列国变革各书进呈，以资采择，康以所辑《英国变政记》、《普国作内政寄军令考》等书进呈，又辑十年来列国统计比较表，又辑列国官制比较、宪法比较，进呈，皆加以案语，引证本国之事，斟酌损益，其言深切，皇上深纳之。既乃辑《法兰西革命记》、《波兰灭亡记》等书，极言守旧不变，压制其民，必至亡国，其言哀痛迫切，上大为感动。故改革之行，加勇决焉，康所陈改革，大纲节目，多详于著书之中，外人不知之。故咸窃窃焉疑削康之出入宫禁，私与皇上密谋也。上览奏甚速，一册甫上，旋即追问，明旨数四，皆命枢臣廖寿恒传之。六月，大学士孙家鼐上疏请派康督办上海官报，盖军机大臣授意欲出康使居外，以翦皇上之羽翼也。皇上下诏命康办报，而又令其将所著各书进呈完毕，然后出京，盖避嫌疑而欲保全之也。

至七月特擢杨锐、林旭、刘光第、谭嗣同四人为四品卿，参预新政。盖因杨锐、刘光第皆保国会会员，且由陈宝箴奏荐。林旭则康之弟子，而谭嗣同为康所最亲信之人也。皇上因西后及大臣疑忌，不敢用康而特擢此四人，其用心之苦，有非外人所能知者。自此皇上有所询问于康，则命四卿传旨，康有所陈奏，亦由四卿密陈，不复由总署大臣矣。

戊戌政变记

七月二十三四日之间，有湖南守旧党举人曾廉，上书请杀康有为、梁启超，摘梁在《时务报》论说及湖南时务学堂讲义中之言民权自由者，指为大逆不道，条列而上之，皇上非惟不加罪二人，犹恐西后见之，乃命谭嗣同将其原折按条驳斥，然后以呈西后。盖所以保全之者无所不至矣，然是时变象已成，未及数日，即有诏命康速出上海，而两次密诏亦相随而下矣。

第二章　新政诏书恭跋

　　皇上虽上制于西后，下壅于大臣，不能有其权，不能行其志。然自四月二十三日以来，三月之间，所行新政，涣汗大号，实有足惊者，虽古之号称哲王英君，在位数十年者，其可纪之政绩，尚不能及其一二也。我国凡百政务，皆以诏书为凭，而诏书又分两种：一为明谕，下之于内阁，刊之于邸报。臣民共见者也，一为廷寄，（亦名交片）下之于军机处，不刊于邸报。民不能共见者也，今特取邸报之明谕有关新政者。揭载于下，逐条加以跋语，而廷寄犹未能备载焉。虽然，观于此而我皇上之英明仁厚勇决，亦可以略窥一斑矣。

　　四月二十三日上谕：

　　　　数年以来，中外臣工，讲求时务，多主变法自强，迩者诏书数下，如开特科，汰冗兵，改武科制度，立大小学堂，皆经再三审定，筹之至熟，甫议施行。惟是风气尚未大开，论说莫衷一是，或托于老成忧国，以为旧章必应墨守，新法必当摈除，众喙哓哓，空言无补。试问今日时局如此，国势如此，若仍以不练之兵，有限之饷，士无实学，工无良师，强弱相形，贫富悬绝，岂真能制梃以挞坚甲利兵乎？朕惟国是不定，则号令不行，极其流弊，必至门户纷争，互相水火，徒蹈宋明积习，于时政毫无补益，即以中国大经大法而论，五帝三王，不相沿袭，譬之冬裘夏葛，势不两存。用特明白宣示，嗣后中外大小臣工，自王公以及士庶，各宜努力向上，发愤为雄，以圣贤义理之学植其根本，又须博采西学之切于时务者，实力讲求，以救空疏迂谬之弊，专心致志，精益求精，毋徒袭其皮毛，毋竞腾其口说，总期化无用为有用，以成通经济变之才。京师大学堂为各行省之倡，尤应首先举办，着军机大臣，总理各国事务王大臣，会同妥速议奏，所有翰林院编检各部院司员、大门侍卫，候补候选道府州县以下，及大员子弟，八旗世职，各省武职后裔，其愿入学堂者，均准入学肄习，以期人材辈出，共济时艰，不得敷衍因循，徇私援引，致负朝廷谆谆诰诫之至意，将此通谕知之，钦此。

谨案：我国迫于外侮，当变法者，盖六十余年矣。然此六十余年中，可分为四界，自道光二十年割香港，通五口，魏源著《海国图志》倡"师夷长技以制夷"之说，林则徐乃创译西报，实为变法之萌芽。然此后二十余年，叠经大患，国中一切守旧，实无毫厘变法之说也，是为第一界。同治初年，创巨痛深，曾国藩曾借洋将，渐知西人之长，创制造局以制器译书，设方言馆，创招商局，派出洋学生，文祥亦稍知时局，用客卿美人蒲安臣为大使，遍交泰西各国，变法之事，于是筚路开山矣。当时又议选翰林部曹，入同文馆学西文。而倭仁以理学重名为宰相，以死争之，败此大举，且举国守攘夷之说。郭嵩焘以通才奉使，深明时局，归而昌言，为朝士所攻，卒罢去。至于光绪甲申，又二十年，朝士皆耻言西学，有谈者诋为汉奸，不齿士类。盖西法萌芽，而俗尚深恶，是为第二界。马江败后，识者渐知西法之不能尽拒，谈洋务者亦不以为深耻，然大臣未解，恶者尚多，议开铁路，犹多方摈斥，盖制造局译出之书，三十余年，而销售仅一万三千本。京师书肆尚无地球图，其讲求之寡可想矣。盖渐知西学，而莫肯讲求，是为第三界。然尽此六十年中，朝士即有言西法者，不过称其船坚炮利制造精奇而已，所采用者，不过炮械军兵而已。无人知有学者，更无人知有政者。自甲午东事败后，朝野乃知旧法之不足恃，于是言变法者乃纷纷，枢臣翁同龢，首先讲求，辅导皇上，决意变法。皇上圣明，日明外事，乙未五月翁同龢拟旨十二道，欲大行变法之事，以恭邸未协而止。然朝士纷纷言新法，渐知学堂为变法之本。而皇上频催办铁路、矿务、学堂之事，未几西后复收大权。皇上几被废，新政遂止。然而强学会《时务报》大呼于天下，天下人士咸知变法，风气大开矣，是为第四界。然明于下而未行于上，新旧相争，大臣多不以为然，以未定国是故也。标准未着，人心不一，趋向未定，虽云变法，仍是守旧而已。及经胶州之变，朝廷益震动，康有为于正月上书请变法宜先定国是，下总署议，上再催而未复。旅顺大连之事继起，皇上圣明，益明中外之故。知不变法不能立国，而恭王屡谏，谓祖宗之法不可变，上曰："今祖宗之地不保，何有于法乎？"因使庆王告西后曰："朕不能为亡国之君。若不予我以权，宁逊位而已。"西后虽愤甚，然因别有所图，始听皇上之所为，乃使庆王复于上曰：皇上欲办事，太后不阻也。至是恭亲王适薨，翁同龢辅政，锐志改革，御史杨深秀，侍读学士徐致靖，相继上书，请定国是。上既决心，乃白西后，召军机全堂下此诏书。宣示天下，斥墨守旧章之非，著托于老成之谬，定水火门户之争，明夏葛冬裘之尚，以变法为号令之宗旨，以西学为臣民之讲求，著为国是，以定众向，然后变法之事乃决。人心乃一，趋向乃定，自是天下向风，上自朝廷，下至人士，纷纷言变法。盖为四千年拨旧开新之大举，圣谟洋洋，一切维新，基于此诏，新政之行，开于此日。

又按：大学堂之诏，三年前既下之矣。至是乃决行之，特令翰林部曹、侍卫道府、州县大臣子弟、武职咸入学，其规模亦广大矣。

四月二十五日上谕：

翰林院侍读学士徐致靖奏保举通达时务人才一折，工部主事康有为、刑部主事张元济，着于本月二十八日预备召见。湖南盐法长宝道黄遵宪，江苏候补知府谭嗣同，着该督抚送部引见，广东举人梁启超，着总理各国事务衙门查看具奏，钦此。

谨案：国朝成例，四品以上乃能召见，召见小臣，自咸丰后四十余年未有之异数也。启超以布衣召见，尤为本朝数百年所未见，皇上之求才若渴，不拘成格如此，同日有御史黄均隆参劾黄遵宪、谭嗣同及启超，两疏并上，皇上于劾者置之不问，于荐者明发谕旨，其用人不惑又如此。

戊戌政变记

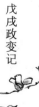

四月二十七日朱谕：

协办大学士户部尚书翁同龢，近来办事多未允协：以致众论不服，屡经有人参奏，且每于召对时咨询事件，任意可否，喜怒见于词色，渐露揽权狂悖情状，断难胜枢机之任，本应查明究办，予以重惩，姑念其在毓庆宫行走多年，不忍遽加发谴，着即开缺回籍，以示保全。钦此。

同日上谕：

自后在廷臣工，仰蒙皇太后赏赐，及补授文武一品满汉侍郎，均著于具折后，恭诣皇太后前谢恩，各省将军都统提督等官，亦著一体具折奏谢，钦此。

同日上谕：

王文韶着迅即来京陛见，直隶总督着荣禄暂行署理，钦此。

谨案：国是之诏甫下，听皇上办事之命甫行，而上之师傅亲臣在极垣者即已见逐，太后既归政，例不见臣工，不别具折，至是忽令二品以上大臣谢恩陛见。并令外官具折，盖训政之事已发于是。荣禄为西后第一亲信之臣，恭亲王既薨，不入枢垣辅政，而反出督直隶者。盖以统北洋三军，预发天津阅兵之诏，以谋行废立之事也。康有为等召见，尚在二十八日。一切新政之行，皆在二十八日以后，而二十七日翁同龢见逐。荣禄督师，西后见大臣，篡废之谋已伏，内之则军机大臣中礼亲王为荣之姻家，刚毅为荣之羽翼，外之则北洋三军董福祥、聂士成、袁世凯为荣之腹心，一切布置已定，大权在手。故荣禄至直隶任，沥陈地方办事情形之折，上于西后，而不上于皇上。盖隐谋久定，故敢藐视君上如此，此实幽废皇上诛捕帝党之先声，而案源不在八月六日，而在四月二十七日也。外人不谙朝事，或疑因维新之急激，遂以致败。由未知废立之局早定，西后荣禄，预布网罗，听其跳跃，专待天津阅兵以行大事耳。皇上自知之，而翼挽回大局于一二。且冀收人才以救危机，康有为亦明知之，以中国危亡，圣主危险，入天罗地网而思救之，盖皆有万难之苦衷，苟未深知西后荣禄之密谋，不能论维新成败之大局也。

五月初二日上谕：

　　御史宋伯鲁、杨深秀奏礼臣守旧迂谬阻挠新政一折。着许应骙按照所参各节，明白回奏，钦此。

　　谨案：今年正月上谕举行经济特科之外，更举经济常科。试时务策论，及政治法律财政外交物理各专门之学，实为非常之举，以开民智而救八股愚民之害者也，其试科章程，交礼部议，许应骙为礼部尚书，乃欲将经济科归并于八股，士论大哗，杨深秀、宋伯鲁开新志士之眉目也，不畏强御，合词劾之，皇上深恶其阻挠，即欲黜之，刚毅为之代求。故仅使回奏，后卒因其抑遏王照之奏，而黜礼部全堂，实由深恶许应骙也。然自此上位遂不保，呜呼！以天子之权，而不能去一尚书，可胜慨哉。

初五日上谕：

戊戌政变记

我朝沿宋明旧制，以四书文取士。康熙年间，曾经停止八股，考试策论，未久旋复旧制，一时文运昌明，儒生稽古穷经，类能推究本原，阐明义理，制科所得，实不乏通经致用之才。乃近来风尚日漓，文体日散，试场献艺，大都循题敷衍，于经义罕有发明，而浅陋空疏者，每获滥竽充选，若不因时通变，何以励实学而拔真才，著自下科为始，乡会试及生童岁科各试，向用四书文者，一律改试策论，其如何分场命题考试，一切详细章程，该部即妥议具奏。此次特降谕旨，实因时文积弊太深，不得不改弦更张，以破拘迂之习，至于士子为学，自当以四子六经为根柢。策论与制艺殊流同源，仍不外通经史以达时务，总期体用兼备，人皆勉为通儒，毋得竞逞辩博，复蹈空言，致负朝廷破格求才至意，钦此。

　　谨案：经义试士始于王安石，而明初定为八股体式，尊其体曰代孔孟立言，严其格曰清真雅正，禁不得用秦汉以后之书，不得言秦汉以后之事，于是士人皆束书不观，争事帖括，至有通籍高第，而不知汉祖唐宗为何物者，更无论地球各国矣。然而此辈循资按格，即可以致大位作公卿，老寿者即可为宰相矣，小者亦秉文衡充山长为长吏矣。以国事民事托于此辈之手，欲其不亡，岂可得乎？况士也者，又农工商贾妇孺之所瞻仰而则效者也。士既如是，则举国之民从而化之，民之愚国之弱皆由于此，昔人谓八股之害甚于焚书坑儒，实非过激之言也。故深知中国实情者，莫不谓八股为致弱之根原，盖学问立国之基础，而八股者乃率天下之人使不学者也。近日有志之士，谓八股与中国不两立，岂不然哉。康有为及御史杨深秀，于三月时曾上书请废之，为许应骙所驳，遂不行。四月初旬梁启超复联合举人百余人连署上书请废之，格不达。至康有为、张元济召见，皆力陈其害，康至谓辽台之割，二百兆之偿，琉球、安南、缅甸之弃，轮船、铁路、矿务、商务之输与人，国之弱民之贫者由八股害之，皇上喟然曰："西人皆日为有用之学，我民独日为无用之学。"康即请曰："皇上知其无用，能废之乎？"上曰："可也。"于是康退朝告宋伯鲁使抗疏再言之，康亦自上一书，疏即上，上命军机大臣立拟此旨，刚毅谓此乃祖制，不可轻废，请下部议。上曰："部臣据旧例以议新政，惟有驳之而已，吾意已决，何议为？"诏遂下，于是海内有志之士，读诏书皆酌酒相庆，以为去千年愚民之弊，为维新第一大事也。八股既废，数月以来，天下移风，数千万之士人，皆不得不舍其兔园册子、帖括讲章，而争讲万国之故，及各种新学，争阅地图，争讲译出之西书。昔之梦梦然不知有大地，以中国为世界上独一无二之国者，今则忽然开目，憬然知中国以外，尚有如许多国，而顽陋倨傲之意见，可以顿释矣。虽仅数月，八股旋复，而耳目既开，民智骤进，自有不甘于谬陋者，旧藩顿决，泉涌涛奔，非复如昔日之可以掩闭抑遏矣。故此数月废八股之效，其于他日黄种之存亡，实大有关系也。然愚陋守旧之徒，骤失所业，恨康有为特甚。至有欲聚而殴之者，自是谣诼大兴，亦遍于天下。

又按世之论者，多以为此次政变由急激所招，夫所谓急激者，殆谓不顺人情，故召怨谤也。然怨谤之起，莫甚于废八股一事，然世之论者将畏谤而不废八股乎，不废八股，可以为治乎？吾欲问之。

初八日上谕：

兹当整饬庶务之际，部院各衙门承办事件，首戒因循，前因京师大学堂为各行省之倡，特降谕旨，令军机大臣总理各国事务王大臣会同议奏，即著迅速复奏，毋再迟延，其各部院衙门，于奉旨交议事件，务当督饬司员，克期议复，倘再仍前玩愒，并不依限复奏，定即从严惩治不贷，钦此。

谨案：我国向来一统，以高卧无事为治，故设官分职，互相钤制，一职而有数人，一人而兼数职，遂相率相诿，至无一事能办者，大学堂自乙未年下诏开办，至今三年，四烦上谕矣。而大臣犹视同无物，若非皇上之雷厉风行，谆谆催问，必将再延三年，尚无一字矣。而外人犹訾上之急激，局外人岂知局中之苦哉。

十五日上谕：

军机大臣会同总理各国事务衙门王大臣奏遵旨筹办京师大学堂，并拟详细章程，缮单呈览一折，京师大学堂为各行省之倡，必须规模宏远，始足以隆观听而育人才，现据该王大臣，详拟章程，参用泰西学规，纲举目张，尚属周备，即著照所议办理，派孙家鼐管理大学堂事务。办事各员，由该大臣慎选分派。至总教习综司功课，尤须选择学该中外之士，奏请简派，其分教习各员，亦一体精选，中西并用，所需兴办经费，及常年用款，着户部分别筹拨，所有原设官书局，及新设之译书局，均着并入大学堂，由管学大臣督率办理。此次设立大学堂，为广育人才，讲求时务起见，该教习等，按照奏定课程，认真训迪，日起有功，用副朝廷振兴实学至意。钦此。

谨案：自甲午以前，我国士大夫言西法者，以为西人之长，不过在船坚炮利，机器精奇，故学之者亦不过炮械船舰而已。此实我国致败之由也。乙未和议成后，士夫渐知泰西之强，由于学术，颇有上书言之者，而刑部侍郎李端之奏，最为深切详明，得旨允行，而恭亲王、刚毅等，谓可以缓办，诸臣和之。故虽奉明诏，而束高阁者三年矣。皇上既毅然定国是，决行改革。深知现时人才未足为变法之用。故首注意学校，三令五申，诸大臣奉严旨，令速拟章程，咸仓皇不知所出。盖中国向未有学校之举，无成案可稽也。当时军机大臣及总署大臣，咸饬人来属梁启超代草，梁乃略取日本学规，参以本国情形，草定规则八十余条。至是上之，皇上俞允，而学校之举乃粗定，即此一事，下之志士之发论，上之盈廷之抗议，凡历三年，犹烦圣主屡次敦迫，仅乃有成。其难如此，然其后犹以办理非人，成效难睹，盖变法而不全变，有法无人之弊也。

同日上谕：

举人梁启超着赏给六品衔，办理译书局事务。钦此。

谨案：中国之弱，由于民愚也。民之愚由于不读万国之书，不知万国之事也。欲救其敝，当有二端：一曰，开学校以习西文，二曰将西书译成汉字，二者不可偏废也。然学校仅能教童幼之人，若年已长成，多难就学。而童幼脑智未启，学力尚浅，故其通达事理，能受学力，又每不如长成之人，且主持现今之国论者，在长成人而

戊戌政变记

不在童幼人也。故欲实行改革，必使天下年齿方壮志气远大之人，多读西书通西学而后可，故译书实为改革第一急务也。中国旧有译出之书，详于医学、兵学，而其他甚少，若政治、财政、法律等书，则几绝无焉，且亦皆数十年前之旧本，西人悉已吐弃者，故不能启发才智，转移士论也。康有为于光绪二十一年开强学会于上海，倡译日本书之论。盖以日本与我同文，译之较易也。后强学会被禁，事遂中止，康复说张之洞筹款办之，张许诺而卒不办，至是御史杨深秀上书言译书之要，梁启超以是日召见，上命进呈所著《变法通议》，大加奖励，遂有是命。

十六日上谕：

　　总理各国事务衙门奏议复御史曾宗彦奏请振兴农学一折，农务为富国根本，亟宜振兴，各省可耕之土，未尽地力者尚多，著各督抚督饬各该地方官劝谕绅民，兼采中西各法，切实兴办，不准空言搪塞。须知讲求农政，本古人劳农劝相之意，是在地方官随时维持保护，实力奉行，如果办有成效，准该督抚奏请奖叙。上海近日创设农学会，颇开风气，著刘坤一查明该学章程，咨送总理各国事务衙门查核颁行，其外洋农务诸书并着各省学堂广为编译，以资肄习。钦此。

　　谨案：中国向来言西法者知有兵耳，而皇上注意富民，整饬农业，采及西法，可谓知本，结会、集社向为国禁，康有为前后开强学会、保国会及湖南志士所谓南学会，皆被参劾，上悉不问，强学会虽封禁，旋改为官报局，于是各省学会极盛，更仆难数，农学会梁启超与诸同志共创之于上海者也，至是乃采章颁行，破旧例愚民抑遏之风，开维新聚众讲求之业，以智民而利国，岂汉唐宋明之主，专务遏制其民者所能比哉？

五月十七日上谕：

自古政治之道，必以开物成务为先，近来各国通商，工艺繁兴，风气日辟，中国地大物博，聪明才力，不乏杰出之英，只以囿于旧习，未能自出新奇，现在振兴庶务，富强至计，首在鼓励人才。各省士民，著有新书，及创行新法，制成新器，果系堪资实用者，允宜悬赏以为之劝，或量其才能，试以实职。或锡之章服，表以殊荣。所制之器，颁给执照，酌定年限，准其专利售卖。其有能独力创建学堂，开辟地利，兴造枪炮各厂，有裨于经国远猷殖民大计，并着照军功之例，给予特赏，以昭激励。其如何详定章程之处，着总理各国事务衙门即行妥议具奏，钦此。

谨案：欧西当四五百年前，守旧愚弱甚矣。自创学级之赏，定专许之例，悬重赏，立高科，鼓励士民，以创新法制新器寻新地，于是新洲发见，新学大昌，新器大打，士民益智，国势益强，其本皆由于此。康有为既请废八股，以去窒塞灵明之具，复上此折以开穷理制器之风，皇上深知民智之当开，立即施行。悬破格之赏，予清要之官，立专卖特许之条，俾国中士民，移其向者作八股之聪明才力，为讲求实学之用。盖所以鼓励之者得其本矣，中国人之聪明，本不让欧西，特千年以来，君上务以愚民为术，抑遏既久，故日即

戊戌政变记

于固陋耳。苟能导之，则公输子之飞鸢，偃师之制人，张衡之地动仪，诸葛之木牛流马，祖暅之轮船，宇文恺之行城，元顺帝之自鸣钟，张骞之凿空西域，甘英之通大秦，郭守敬之创大统历测吉州谦州，必有纷纷出者，百十年后，才智心思之开，万亿新器、新书、新法、新政之由，岂可量哉？则皆自我皇上此诏开之矣。

二十一日上谕：

前据顺天府尹胡燏棻奏请，精练陆军并神机营改用新法操演，出使大臣伍廷芳奏京营绿营参用西法各折片，先后谕令军机大臣会同神机营王大臣、八旗都统妥议，兹据该王大臣等会同议奏，改练洋操为练兵要著，各省绿营练勇，迭经谕令认真裁并，一律挑练，著该将军督抚归入前次户部，兵部议复，御史曾宗彦请改操折内，一并迅速筹议，切实具奏。神机营业经挑选马步官兵一万人，勤加训练，即着汰弱留强，实力讲求，务成劲旅。八旗满洲蒙古汉军骁骑营，两翼前锋护军营，均着以五成改习洋枪，五成改习洋机抬枪，着派奕劻、色楞额、永隆管理八旗骁骑营，崇丰载卓苏鲁岱管理两翼前锋护军营，奕劻向来办事认真，熟谙武备，务须会同简派各员，并督同各旗营专操大臣，按照泰西兵制，更定新章，认真操演，其八旗汉军、炮营、藤牌营，着一并改用新法，挑练精壮，如式演练，以成有用之兵。更使日起有功，何惜宽筹饷项，各直省将军督抚及该管王大臣等，务当振刷精神，屏除积习，毋得始勤终怠，至一切阵法器械营制饷章，及挑选将弁教习各节，着按照胡燏棻等所奏，议定切实办法，奏明办理，用副朝廷整军经武至意，将此通谕知之，钦此。

谨查中国之兵向为防盗贼而设，故极劣弱，皇上刻意革新，故亟采廷议而改章也。

二十二日上谕：

前经降旨开办京师大学堂。肄业者由小学、中学以次而升必有成效可观。惟各省中学、小学尚未一律开办，总计各直省省会及府厅州县无不各有书院，着各该督抚督饬地方官，各将所属书院坐落处所，经费数目，限两个月详查具奏，即将各省府厅州县现有之大小书院，一律改为兼习中学、西学之学校，至于学校等级，自应以省会之大书院为高等学，郡城之书院为中等学，州县之书院为小学，皆颁给京师大学堂章程，令其仿照办理，其地方自行捐办之义学社学等，亦令一律中西兼习，以广造就。至各书院需用经费，如上海电报局招商局，及广东闱姓规，闻颇有溢款，此外陋规滥费，当亦不少，着该督抚尽数是作各学堂经费，各省绅民，如能捐建学堂，或广为劝募，准各督抚按照筹捐数目，酌量奏请给奖，其有独力措捐巨款者，朕必予以破格之赏。所有中学、小学应读之书，仍遵前谕由官设书局编译中外西书，颁发遵行，至于民间祠庙，其有不在祀典者，即着由地方官晓谕民间，一律改为学堂，以节糜费而隆教育，似此实力振兴，庶几风气遍开，人无不学，学无不实，用副朝廷爱养成才至意，将此通谕知之，钦此。

戊戌政变记

轻阅读

　　谨案：此次改革，百度未遑，而首注意于教育者。盖中国今日之大患，苦于人才不足，而人才所以不足，由学校不兴也。京师既设大学堂矣，而无中学、小学、师范学、乡学，则所成就无几也。故康有为上疏言之，而皇上立采之。中国淫祠之风最盛，而僧侣、庙社之产业最富，向之言教育者，苦经费之难筹，今但移此款以用之，自恢恢有余矣。政变以后，下诏废各省学校，然民间私立者尚纷纷，亦由民智已开，不可抑遏，则此诏之功也。

　　同日奉上谕：

　　各国传教，载在条约。迭经谕令各该督抚妥为保护，以期民教相安。乃本年四川江北厅等处教案未了，广西永安州复有杀死教民之事，湖北沙市亦有因案牵连之事，总由地方官不能仰体朝廷谆谆告诫之意，遇有民教交涉案件，非漫不经心，即意存歧视，畛域未化，斯嫌隙易生，无怪教案之层见迭出也。用是特加申谕，各直省大吏，凡有教堂州县，务当谆饬地方官实力保护，平日如有教士谒见，不得有意拒绝。使彼此诚信相服，从教之人，自不致藉端生事，一面开导百姓，毋以薄物细故，轻启衅端。即使事出仓猝，该管官吏果能持平办理，亦何难消患未萌，是在各该将军督抚严饬所属，随时妥慎筹办，从前未结之案，即着迅速了结。此后不准再有教案，倘仍防范不力，除将该地方官照总理各国事务衙门奏定新章从严惩办外，该将军督抚责无旁贷，亦必执法从事，勿谓言之不预也。将此通谕知之，钦此。

谨案：中国交涉最危险而无凭之事，莫若教案矣。二十年来层见叠出，偿款认罪，无岁无之，其甚者，则如胶州之役，以两教师之命，而失百方里之地，教堂满地，无处不可起衅。故教案者实割之药线也，教案之起，虽由暴徒藉端生事，亦缘朝廷及长官有仇视外人之心。故奸民乃因而乘之，观于皇上改革以来，三月间未闻有一教案（沙市及四川余蛮子皆在改革以前之事）。及政变之第四日，而北京暴徒即起，两月以来，杀宣教师之案已五六见矣。可见民间举动实视朝廷之意向为转移也。

二十三日上谕：

总理各国事务衙门会同礼部奏遵议经济特科章程开单呈览一折，所拟章程六条，尚属详备，即着照所请行。经济特科，原期振兴士气，亟应认真选举，以广登进而励人才，着三品以上京官，及各省督抚学政，各举所知，限于三个月内迅速咨送总理各国事务衙门，会同礼部奏请考试，一俟咨送人数，足敷考选，即可随时奏请，定期举行。不必俟各省汇齐再行请旨，用副朝廷侧席求贤至意，该衙门知道，单并发，将此通谕知之，钦此。

谨案：常科以八股楷法取士，但使能作八股，能作工楷，虽一书不读，亦可入翰林，登显秩，积资以致公卿督抚，下之亦为道府试差，退之亦为山长贵绅，故天下咸趋向焉，相率于不读书不讲时务，人才愚陋，实由于此。自康熙、乾隆两次举行特科，得人为盛，咸丰元年张庚请举之，同治元年薛福成请举之，皆不行。自胶州之变，枢臣翁同龢抚膺太息，谓当此时变，不能不破格求才，贵州学政严修，适抗疏请举特科，得旨允行，当时八股未废，得此亦足稍新耳目。盖实新政最初之起点也，乃诏下数月，而大臣迁延观望，不肯荐人，盖意欲阻挠也。至是学士徐致靖，御史宋伯鲁上书言之。再下诏催迫，而湖广总督张之洞，仓场侍郎李端，首举十数人，自是举者纷起，才智之士渐进矣。

二十八日上谕：

裁空粮，节饷需，为方今救弊之要图。前经谕令各省体察情形，妥速具奏，现据该将军督抚先后奏陈，或裁制兵，或裁防勇，或裁练军，或称业经裁并，无可再裁。当经详加披阅，各省情形虽属不同，但法敝则亟宜变通，财匮则尤资补救。其已裁者即着照拟定章程，妥切办理，其未裁者，仍着再行切实酌核，总期裁一名空粮，即节一分虚糜，空粮裁尽，饷项自舒，无论水陆各军，一律挑留精壮，勤加训练，俾成劲旅，并着遵照前降谕旨，力行保甲，诘奸禁暴，相辅而行，再能整顿厘金，严杜中饱，富国强兵之计，无有亟于此者。当兹时事多艰，朕宵旰焦劳，力图振作，每待臣下以诚，而竟不以诚相应，各该疆臣身膺重寄，具有天良，何至诰诚谆谆，仍复掩饰支吾，苟且塞责耶。经此次谆谕之后，傥再有仍前敷衍，不肯实力奉行，经朕查出，或别经发觉，试问各该大臣能当此重咎否也？将此通谕知之，钦此。

谨案：我国绿营兵之无用，人人知之矣。自甲午以后，论时务者多请裁撤，翁同龢主之尤力，而恭邸未尽以为然。故乙未年仅裁十分之三，至是皇上尤谆谆言之，惟裁兵之责在督抚，而督抚用舍之权在西后，督抚知上之无权，故无所畏。诏旨频下，玩视如故，诏中谓朕待臣下以诚，而竟不以诚相应，掩饰支吾，苟且塞责，皆各督抚实在情形也。裁兵一事如此，他事亦无不如此。局中可愤可痛之情形，非局外所能知也。苟非如此，则此数月之改革，其成就岂止此哉？

二十九日上谕：

　　孙家鼐敬陈管见一折，据称原任詹事府中允冯桂芬《校邠庐抗议》一书，最精密，着即印刷一千部，颁发各衙门悉心核看，逐条签出，各注简明论说，分别可行不可行，限十日咨送军机处，汇核进呈，以备采择，钦此。

　　谨案：《校邠庐抗议》一书，虽于开新条理未尽周备，而于除旧弊之法，言之甚详，亦我国政论之稍佳者也。皇上命群臣签注之，盖借此以验臣下之才识何如，并博采众论之意也。

六月初一日上谕：

　　张之洞、陈宝箴奏请饬妥议科举章程，并酌改考试诗赋小楷之法一折，乡会试改试策论，前据礼部详拟分场命题各章程，已依议行。兹据该督等奏称宜合科举经济学堂为一事，求才不厌多门，而学术仍归一是，拟为先博后约，随场去取之法，将三场先后之序互易等语，朕详加披阅，所奏各节，剀切周详，颇中肯綮，着照所拟乡会试仍定为三场。第一场试中国史事、国朝政治论五道，第二场试时务策五道，专问五洲各国之政，专门之艺，第三场试四书义两篇，五经义一篇，首场按中额十倍录取，二场三倍录取，取者始准试次场。每场发榜一次，三场完毕。如额取中，其学政岁科两考生童，亦以此例推之。先试经古一场，专以史论、时务策命题，正场试以四书义经义各一篇，礼部即通行各省，一体遵照，朝廷于科举一事，斟酌至再，不厌求详。典试诸臣，当仰体此意，精心衡校，以期遴选真才，至词章楷法，虽馆阁撰拟应奉文字未可尽废。如需用此项人员，自当先期特降谕旨考试，偶一举行，不为常例。嗣后一切考试，均以讲求实学实政为主，不得凭楷法之优劣为高下，以励硕学而黜浮华，其未尽事宜，仍着该部随时妥酌具奏。钦此。

谨案：以科举取士，必不能得人才也。故不惟八股当废，即科举亦当全废，而一切学级，悉自学校出，此乃正理也。然此次不即尔者，盖使数百万之老举人、老秀才，一旦尽失其登进之路，恐未免伤于急激，且学校生徒之成就，亦当期之于数年以后。故此数年中借策论科举为引渡，此亦不得已之办法也。此上谕中谓合科学学堂为一事，即此意也。我朝自乾隆以后，专以楷法取士。自举人之复试，进士之殿试朝考，翰林之大考，以及考试差、考御史、考中书、考庶生、考教习、考优贡拔贡乃至考军机章京，考总理衙门章京，莫不惟楷法是重，苟楷法不工，虽有贾董之学，管乐之才，亦必见摈，其工者则虽一书不读，一事不知，亦可以致高位，持国柄，故楷法之汩没人才，尤甚于八股焉。盖八股之考试，通籍以后，即可不用，而楷法之考试，当官者所旦夕而陷溺也。皇上一切扫除而更张之，然后举国之士民，得以有用之精神，治有用之学矣。

初八日上谕：

> 孙家鼐奏遵议上海《时务报》改为官报一折，报馆之设，所以宣国是而达民情，必应官为倡办，该大臣收所拟章程三条，似尚周妥，着照所请，将《时务报》改为官报，派康有为督办其事。所出之报，随时进呈。其天津、上海、湖北、广东等处报馆，凡有报章，着该督抚咨送都察院及大学堂各一份。择其有关时务者，由大学堂一律呈览，至各报体例，自应以胪陈利弊，开扩见闻为主，中外时事，均许据实昌言，不必意存忌讳，用副朝廷明目达聪，勤求治理之至意，所筹官报经费，即依议行。钦此。

谨案：专制之国家，最恶报馆，此不独中国惟然，而中国尤甚者也。往者各省报馆，多禁发刊，故各报皆借西人为护符，而报章亦罕有佳者。乙未和议成后，康有为、黄遵宪等开强学会，刊《强学报》，旋被封禁。丙申间黄遵宪、梁启超、汪康年等，乃续开《时务报》于上海，大声疾呼，读者颇为感动，士论一变，至今年六月，皇上命取《时务报》呈览，至是特设官报，派通才督办，盖洞知各国民智之开，皆由报馆，故于维新之始，首注意于是也。至于各处报章，悉令进呈，并命胪陈利弊，据实昌言，毋存忌讳，虽古圣之悬设铎，岂能比之哉。虽泰西立宪政治之国，亦不过是也。

十一日上谕：

李端奏各省学堂请特派绅士督办等语。现在京师大学堂，业经专派管学大臣克日兴办。各省中学堂、小学堂，亦当一律设立，以为培养人才之本。惟事属创始，首贵得人。著各直省督抚就各省在籍绅士选择品学兼优能符众望之人，派令管理各该处学堂一切事宜，随时禀承督抚认真经理。该督抚慎选有人，即著奏明派充，以专责成，而收实效。钦此。

谨按：我国以资格用人。直省地方长官，类皆庸老冗，不通外事。且定例，本省之人不能任本省官。以数千里外之人，治数千里外之事，其必不能周备明矣。皇上改革之始，尤注意于教育制度，故各省州县遍设学堂之诏屡颁。此诏命以各省在籍绅士督办，实为地方自治之权舆。盖将以学校一事为起点，推而及于他事也。

同日上谕：

李端奏请删改则例等语。各衙门咸有例案，勒为成书，颧若画一。不特易于遵守，兼可杜吏胥任意准驳之弊。法至善也。乃阅时既久，各衙门例案太烦，堂司各官不能尽记，吏胥因缘为奸，舞文弄法，无所不至。时或舍例引案，尤多牵混附会。无论或准或驳，皆恃例案为藏身之固。是非大加删订，使之归于简易不可。著各部院堂官督饬司员，各将该衙门旧例，细心绌绎。其有语涉两歧，易滋弊混；或貌似详细，揆之情理，实多窒碍者，概行删去。另定简明则例，奏准施行。尤不得藉口无例可援，滥引成案，致启弊端。如有事属创办，不能以成例相绳者，准该衙门随时据实声明，请旨办理。仍按衙门烦简，立定限期，督饬司员，迅速办竣具奏。将此通谕知之。钦此。

谨按：变法必须从本原变起。斟酌中外，草定法令，勒定各衙门治事详细规则，此本原中之本原也。康有为曾屡上折，请开制度局，将大征天下之贤才，广罗万国之宪法，参以本邦之情形，大加审定，兴利除害，使之觌若画一，有条不紊，然后见之施行。然以皇上无权，不能行也。又以异邦人之在中国者，得有治外法权，不受政府之管。损辱国体，莫此为甚。而我邦刑律太苛，不近情理，势难强人就我。故拟采欧洲之制，先更律法，以为他日条约更正张本。至是李端言之，故有删改则例之谕。盖制于西后，未敢开局大修法制，先借是为嚆矢耳。

十九日上谕：

英美日本各埠侨寓华民众多，群居错处，不乏可造之才。亟应设立学堂，兼肄中西文字，以广教育。着出使大臣等体查情形，妥为劝办，议定章程，详晰覆奏。钦此。

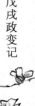

戊戌政变记

谨案：我国寄留外邦之民，五百余万，可当泰西一小国矣。其人多怀忠义，知爱国之理，过于内地。惜教育不兴，成就遂少。于时皇上从善如流，尤注意教育，故有此命，可谓规模宏远矣。

二十三日上谕：

目今时局艰难，欲求自强之策，不得不舍旧图新。前因中外臣工，半多墨守旧章，曾经瘿切晓谕，勖以讲求时务，勿蹈宋明积习。谆谆训诫，不啻三令五申。惟是朝廷用意之所在，大小臣工，恐未尽深悉。现在应办一切要务，造端宏大，条目繁多，不得不采集众长，折衷一是。遇有交议事件，内外诸臣，务当周咨博访，详细讨论。毋缘饰经术，附会古义；毋胶执成见，隐便身图。倘面从心违，希冀敷衍塞责，致令朝廷实事求是之意，失其本指，甚非朕所望于诸臣也。总之无动为大，病在痿痹，积弊太深，诸臣所宜力戒。即如陈宝箴自简任湖南巡抚以来，锐意整顿，即不免指摘纷乘。此等悠悠之口，属在搢绅。倘亦随声附和，则是有意阻挠，不顾大局。必当予以严惩，断难宽贷。至于襄理庶务，需才甚多。上年曾有考试各部院司员之谕，著各该堂官认真考察。果系有用之材，即当据实胪陈，候朕录用。如或阘茸不职，亦当立予参劾，毋令滥竽。当此时事孔棘，朕惩后儆前，深维穷变通久之义，则创办一切，实具万不得已之苦衷。用再明白申谕，尔诸臣其各精白乃心，力除壅蔽，上下以一诚相感，庶国是以定，而治理蒸蒸日上，朕有厚望焉。钦此。

谨案：我国此次改革，以湖南为先导，是时虽新政屡下，然因皇上无权，不敢多所兴举。然守旧诸臣，已腹诽色怒，群聚谤议，斯时湖南守旧党力与新政为难，先后参劾巡抚陈宝箴、学政江标、徐仁铸，按察使黄遵宪，学校教习梁启超，绅士谭嗣同、熊希龄等，妄造谣言，不可听闻。至是皇上下诏褒奖陈宝箴，而切责顽固党，自此浮议乃稍息，然任事之难，亦可想见矣。非身入其中者，不知甘苦也。

同日上谕：

中国创建水师，历有年所，惟是制胜之道，首在得人，欲求堪任将领之才，必以学问为根本。应如何增设学额，添制练船，讲求驾驶，谙习风涛，以备异日增购战船，可期统带得力，着南北洋大臣沿海各将军督抚一体实力筹办，妥议具奏。至铁路矿务，为目今切要之图，造端伊始，亟应设立学堂，预备人才，方可冀收实效，所有各处铁路扼要之区，及开矿省分，应行增设学堂，切实举办之处，著王文韶、张荫桓悉心筹议，奏明办理，钦此。

谨案：皇上以为改革之事，全赖人才，故首注意教育，凡水师、铁路、矿务，各设专门学堂，此本原之道也。

二十九日上谕：

总理各国事务衙门代奏工部主事康有为条陈，请

兴农殖民以富国本一折。训农通商，为立国大端。前迭
谕各省整顿农务、工务、商务，以冀开辟利源。各处办
理如何，现尚未据奏报，万宝之原，均出于地。地利日
辟，则物产日阜，即商务亦可日渐扩充，是训农又为通
商惠工之本。中国向本重农，惟向无专董其事者，非大
为倡导，不足以鼓舞振兴。着即于京师设立农工商总
局，派直隶霸昌道端方，直隶候补道徐建寅、吴懋鼎为
督理，端方着开去霸昌道缺，同徐建寅、吴懋鼎，均着
赏给三品卿衔。一切事件，准其随时具奏，其各省府州
县，皆立农务学堂，广开农会，刊农报，讲农器，由绅
富之有田业者试办，以为之率。其工学商学各事宜，亦
着一体认真举办，统归督理农工商总局端方等。随时考
查，各直省即由该督抚设立分局，选派通达时务公正廉
明之绅士二三员，总司其事，所有各局开办日期，及派
出办理之员，并着先行电奏。此事创办之始，必须官民
一气，实力实心，方可渐收实效，端方等及各该督抚
等，务当仰体朝廷率作兴事之意，考取新法，精益求
精，庶几农业兴而生殖日繁，商业盛而流通益广，悉以
植富强之基，朕实有厚望焉。钦此。

谨案：各国皆有农商部，而我国独无之，今此次乃创立农商部
之始，皇上留心内治，特重民政，故首举之。

七月初十日上谕：

孙家鼐奏举人梁启超，请设立编译学堂，准予学

生出身，并书籍报纸，恳免纳税，据呈代奏一折，该举人办理译书局事务，拟就上海设立学堂，自为培养译才起见，如果学业有成，考验属实，准其作为学生出身，至书籍报纸，一律免税，均着照请行，该衙门知道，钦此。

谨案：我国科举，向皆由学政考试，乃得出身，学校生徒，向无学级，故不足以鼓励人才，梁启超以微员所开之学校，而请学生之出身，实为四千年之创举，非皇上之圣明刚决，采择新法，岂能许之哉？

同日上谕：

近来朝廷整顿庶务，如学堂、商务、铁路、矿务，一切新政，迭经谕令各将军督抚切实筹办，并令将办理情形先行具奏，该将军督抚等，自应仰体朝廷孜孜求治至意，内外一心，迅速办理，方为不负委任，乃各省积习相沿，因循玩愒，虽经严旨敦迫，犹复意存观望，即如刘坤一、谭钟麟，总督两江、两广地方，于本年五六月间，谕令筹办之事，并无一字复奏。迨经电旨催问，刘坤一则藉口部文未到，一电塞责，谭钟麟且并电旨未复，置若罔闻，该督等皆受恩深重，久膺疆寄之人，泄沓如此，朕复何望，倘再藉词宕延，定必予以惩处。直隶距京咫尺，荣禄于奉旨交办各件，尤当上紧赶办，陆续奏陈，其余各省督抚，亦当振刷精神，一体从速筹办，毋得迟玩，致干咎戾。钦此。

戊戌政变记

谨案：自四月以来，明诏累下，举行新政，责成督抚，而除湖南巡抚陈宝箴外，寡有能奉行诏书者，上虽谆谕至于三令五申，仍复蒇为具文。此先帝时之所无，观历朝圣训可见也。然上虽盛怒，数四严责，终不能去一人，或惩一人者，以督抚皆西后所用，皇上无用舍之权。故督抚皆蔑视之，而不奉维新之令也。由是以观，自光绪纪元二十四年中，一切用人行政，于皇上无预可见矣。凡割地赔款，输与利权之事，于皇上无预可见矣。凡贪风陋政，于皇上无预可见矣。自今年四月下诏定国是以来，始为皇上之政，然大举之事，若开制度局派新政使等事，皆不能行，欲去守旧衰谬之臣，不能去，欲用开新通达之才，不能用，则此三月之中，虽圣政维新，然能行皇上之意，以成新政之规模条理者，盖千万而不得一可见矣。若令上有全权，用人行政，岂其若是？此谕虽明责谭刘，实则深恶荣禄，而宣其罪，责其奉旨交办之件，而置之不顾，并不奏陈，荣禄之目无皇上，等诸儿戏，视王言如土苴刍狗，束阁不顾明矣。上深恕而不敢显词责之，上则牵谭刘而云直隶距京师咫尺，下则引各督抚而云迟玩干咎，盖皆为荣禄说法也。不恶而严，溢于意表，荣禄于是畏皇上英明，恐不自保矣。先是，荣禄出督抚直隶，沥陈地方办事情形，上折于西后，而不上折于皇上，皇上有电旨申饬之，已而荣禄保荐三十余人，皇上无一召见，无一拔用者，皇上于四五品小臣所荐，犹赐召见，而于荣禄独尔者，盖深恶其平日之跋扈也。至明发此谕，荣禄自知不保，而篡废之事益亟矣，此谕于改革困难情形，及政变原因，甚有关系，不可忽诸。

　　十二日上谕：

御史王培佑奏变法自强，当除蒙蔽锢习一折，现因时事多艰，朝廷振兴庶务，力图自强，尤赖枢廷及各部院大臣，共笃匪忱，竭力匡赞，以期挽救颓风，庶事可渐臻治理。乃诸臣中恪共官守者，固亦有人，而狃于积习不知振作者，尤难悉数，即如部院官本应常川进署，不得无故请假。议奏事件，不准延搁逾限，皆经再三训诫，而犹阳奉阴违。似此蒙蔽因循，国事何所倚赖，用特重加申儆，凡在廷大小臣工，务当洗心革面，力任其艰，于应办各事，明定限期，不准稍涉迟玩，倘仍畏难苟且，自便身图，经朕觉察，定必严加惩处。毋谓宽典可屡邀也。钦此。

谨案：数月以来，新政之诏多矣，督责大臣之旨多矣，乃日日降旨严催而诸臣藐然，日云必加严惩，而未闻一惩。盖上无权既久，大臣所共闻知，彼等有深宫之简畀，有宦寺之奥援，岂畏此守府之君，空文之诏哉？盖吕武擅政，皇上无权久矣。坐视割祖宗之地，则不甘为亡国之君。发愤为变法之谋，则无奈此北朝之臣，虽复诏书络绎，奈之何哉？呜呼！有此圣主，而不能救天下，变法不成，终日呼号，终至幽废。呜呼！古今人主，岂有若我皇上之不幸者乎？

十三日上谕：

少詹事王锡蕃奏，请饬各省设立商会，于上海设总商会等语，现在讲求商务，业于京师设立农工商总局，并谕令刘坤一、张之洞先就上海汉口试办商务局，拟定办法奏闻，现尚未据奏到，商会即商务之一端，着刘坤

戊戌政变记

一等归案，迅速妥筹具奏。其沿江沿海商贾辐辏之区，应由各该督抚一体查明办理，所有一切开办事宜，并着总理各国事务王大臣咨商各督抚详订章程，妥为筹办。钦此。

谨案：商会商局一事，康有为已经奏请，即发交张之洞、刘坤一试办者也。未据奏到，藉臣下之言再催，张之洞亦藐视皇上，而媚事牝朝，凡各新政，皆弃髦之，可见皇上之无权也。

十四日上谕：

国子监奏候补学正学录黄赞枢，条陈时事据呈代奏一折。据称民生日蹙，宜厚生计，蠹吏横征，宜严考查等语，朝廷整饬庶务，无日不以吏治民生为念，重农之外，桑麻丝茶等项，均为民间大利所在。全在官为董劝，庶几各治其业，成效可睹。着各直省督抚，督饬地方官，各就物土所宜，悉心劝办以浚利源，亲民之官，莫如牧令，近来仕途冗杂，非严加考查，不足以别贪廉，钱粮之浮收，胥吏之肆扰，种种殃民之事。该管上司果能悉心考核，即不肖官吏，亦断不至无所忌惮，着各督抚凛遵六月十五日谕旨，于所属州县认真查核，毋令贤否混淆，仍着随时秉公举劾，以资惩劝，吏治清则民生自裕。此即封疆大吏之责，无负朕再三申诫焉。钦此。

谨案：又以农事吏事责督抚，而无如虽十令百申，彼终藐视不率，不能严惩，徒行空文，如皇上之无权何至是。皇上之恨大臣已极，相迫而来，不能不盛怒而去之矣。

同日上谕：

国家设官分职，各有专司，京外大小各官，旧制相沿，不无冗滥，近日臣工条奏，多以裁汰冗员为言，虽未必尽可准行，而参酌情形，实亦有亟当改革者。朕维授事命官，不外综核名实，现当开制百度，事务繁多，度支岁入有常，岂能徒供无用之冗费，以致碍当务之急需。如詹事府本属闲曹，无事可办，其通政司、光禄寺、鸿胪寺、太常寺、太仆寺、大理寺等衙门，事务甚简，半属有名无实，均着即行裁撤，归并内阁及礼兵刑等部办理，又外省如直隶、甘肃、四川等省，皆系以总督兼管巡抚事，惟湖北、广东、云南三省督抚同城，原未画一，现在东河在山东境内者，已隶山东巡抚管理，只河南河工，由河督专办，今昔情形，确有不同。所有督抚同城之湖北、广东、云南三省巡抚，并东河总督，着一并裁撤。其湖北、广东、云南三省，均着以总督兼管巡抚事，东河总督应办事宜，即着归并河南巡抚兼办。至各省漕运，多由海道，河运已属无多，应征漕粮，亦多改折，淮盐所行省分，亦各分设督销，其各省不办运务之粮道，向无盐场，仅管疏销之盐道，亦均着裁缺，归各藩司巡守道兼理，此外如各省同通佐二等官，有但兼水利盐捕，并无地方之责者，均属闲冗，即着奏明裁汰，除应裁之京外各官，本日已降谕旨，暨裁

缺之巡抚河督京卿等员，听候另行录用外，其余京外尚
有应裁文武各缺，及一切裁减归并各事宜，着大学士六
部及各直省督抚，分别详议筹办，仍将筹议情形，迅速
具奏。内外诸臣，即行遵照切实办理。不准藉口体制攸
关，多方阻格，并不得以无可再裁，敷衍了事。至各省
设立办公局所，名目繁多，无非为位置闲员地步，薪水
难支，虚糜不可胜计，迭经谕令裁并，乃竟置若罔闻。
或仅听委员劣幕舞文，一奏塞责，殊堪痛恨，着各督抚
凛遵前旨，将现有各局所中冗员，一律裁撤净尽，并将
候补分发捐纳劳绩等项人员，一律严加甄别沙汰，限一
月办竣复奏。似此实力剔除，庶几库款渐裕，得以宏拓
新规，惟不准瞻徇情面，阳奉阴违，致干咎戾。当此
国计艰难，朕宵旰焦劳，孜孜求治，诏书敦勉，动以至
诚。尔在廷诸臣，暨封疆大吏，若具有天良，其尚仰体
朕怀，力矫疲玩积习，一心一德，共济时艰，庶几无负
委任。若竟各挟私意，非自便身图，即见好僚属，推诿
因循，空言搪塞，定当予以重惩，决不宽贷。钦此。

　　谨案：本朝官虽极多，然任事者皆同虚设。故冗员咸议宜裁，
康有为旧日上书亦言之，时大开言路，群言并进，上皆采纳，言裁
冗官者极多。而前太仆少卿岑春煊言之尤切直，上遂意决。康有为
改官制之议，本拟分别官差，以官为虚爵，以差任职事，实欲留此
虚爵，以为转官之地也，而皇上恶冗旧之臣已甚，故赫然裁之。亦
可谓勇猛明决矣。

　　十六日上谕：

轻阅
读

怀塔布等奏司员呈递条陈，请旨办理一折，据称礼部主事王照条陈时务，藉端挟制等语，朝廷广开言路，本期明目达聪，迩言必察。前经降旨，部院司员，有条陈事件者，着由各省官代奏，毋得拘牵忌讳，稍有阻格，诚以是非得失，朕心自有权衡，无烦该堂官等鳃鳃过虑也，若如该尚书等所奏，辄以语多偏激，抑不上闻，即系狃于积习，致成壅蔽之一端。岂于前奉谕旨毫无体会耶，怀塔布等均著交部议处，此后各衙门司员等条陈事件，呈请堂官代递，即由各该堂官将原封呈进，毋庸拆看，王照原呈著留览，钦此。

谨案：王照睹上求言之切，请上游历日本及各国，实为开人所不敢开之口，又责诸臣之谬为持正，而敢于谤上不忠，请立教部以扶翼圣教，皆为至言，许应骙等不肯代递，王乃即具呈劾其堂官阻遏，到堂亲递，且谓如不递，吾当往都察院递之。怀塔布等不得已乃允其代奏，许应骙退而作折劾王照咆哮署堂，藉端挟制，又谓其折请皇上游历日本，日本多刺客，昔俄太子、李鸿章、曾蒙大祸，王照置皇上于险地，故不敢代递，然王照居心叵测，请加惩治云云。故谕旨有是非得失，自有权衡，无烦过虑等语，又有岂于前奉谕旨视为无有耶等语，刚毅再三请改，乃改毫无体会四字，盖大臣尸位，壅蔽群僚，上恶之久矣。至是大怒，交部议处，命一切条陈呈进原封，堂官无得拆看。于是人人封章，得直达于上，举国鼓舞欢蹈，争求上书。民间疾苦，悉达天聪。每日每署封奏皆数十，上鸡鸣而起，日晡乃罢。览阅章奏，犹不能尽，立四军机览之，乃自览朝官之奏，择其官微稍非切要者，交四卿分览，然犹不能了。每日必有余折，递交下班，又从前仪式最严，一笔违误，即至议处，至是下僚寒士，皆不谙奏折格式，随手写折。或奏或呈或上书，或跪或不跪，或上款或下款，种种新式，杂沓可笑。至有野人渔民上书，纸有二尺长条，言及皇上，亦不抬头，由外省封寄，交都察院代递，直达御前，上览之欣笑，亦不加谴责。又有湖南举人责上变乱祖宗之法，自称开创，置祖宗于何地等语，枢臣拟旨，请予重惩，上谓方开言路之时，不宜谴责，恐塞言路，亦宽容之。凡此等事，虽不可久长，然圣方求言之盛心，实为中国千年所无有。虽唐虞辟门明目，禹汤悬鼗设铎，汉文止辇受言，皆未足比此。即今日全世界之国，号称最为文明者，亦不闻举国士民皆可上书于其君，而惟我皇上有之，以从古最塞之国体，一变而为最进之国体。呜呼！有圣主如此，宜上下读诏书者莫不流涕也。

同日上谕：

山东布政使着张人骏调补，岑春煊着补授广东布政使，钦此。

谨案：岑春煊以上裁官折，由未补缺之四品卿特简布政使，向无此例，盖上求言如不及，千金市骏，空谷足音，见人而喜，然皇上之权，惟能擢授至布政使而止，过是则非所及，而行政大权，皆在督抚，蕃司仅奉行文书而已，然则何能为哉？

十六日上谕：

吏部户部奏遵旨删订则例，具奏办理情形各一折，各衙门例案太烦，业经谕令迅速删订，吏部铨选处分二项，头绪纷纭。户部收支款项，名目繁多，一切章程，难免歧异，着各该堂官督饬司员，悉心删订，务极简明，将核定例章，仿照史表分门别类，列为一表，俾阅者一目了然，吏胥无从舞文弄法，至此项底本，即著该堂官公同核办，户部所请专派堂官一员勘定之处，应毋庸议。钦此。

十七日上谕：

　　昨据吏部户部奏删订则例办理情形，当经谕令将核定例章，仿照史表分门别类，列为一表，使人易晓，因思删订则例，各衙门均当照此办理，以归划一，着该堂官等督饬司员，悉心编辑，毋稍纷歧，钦此。

　　谨案：上既谆谆于修定则例，删令简要，更发堂官以照史表例，分门别类，立法之美，学问之深，读诏书者无不震惊皇上圣学之深于史例。而无如诸臣非出于清书，则起帖括，谁识史表之例者。有臣如此，岂复能与共治乎，而各部分派司员，例事至大，非日请宸断，谁敢删定，故虽删定。故虽屡经圣训，循例编辑，余则一仍其旧无所于损益也，故变法而不全变，必不能行如此。

二十日上谕：

　　京师为首善之区，现在道路泥泞淄污，河道塞壅不通，亟宜大加修理，以壮观瞻。著工部会同统领衙门，

戊戌政变记

五城御史，暨街道厅，将京城内外河道沟河，一律挑挖深通，并将各街巷道路修垫坦平，无得迁就敷衍，仍将筹办情形，及开工日期，从速具奏。其款资着由户部筹拨。钦此。

谨案：京师街道之污秽，晴则飞尘蔽天，雨则淫潦没胫，诚各国所无也。单子以陈道路不治，谓陈将亡。康有为自二十年前入京师，即力言此政。而京师大僚，未游外域，习以为常，不知其臭秽及道阻也。乙未年康复代人草折言之，奉旨下工部八旗及街道厅议而不能行，盖京师道路岁修支帑六十万金，而旗丁分而食之，藉此弥补，故无法清治，至是百废具举，上决意修路，不复交议，径拨款举行。非圣明深通治体，安能如此。

同日上谕：

礼部尚书着裕禄李端棻署理，礼部左侍郎着寿耆王锡蕃署理，礼部右侍郎着萨廉徐致靖署理，钦此。

谨案：李端棻屡上封事，请开学堂、定律例、开懋勤殿大誓群臣诸大事，二品以上大臣，言新政者一人而已。故上特拔为礼部尚书，国朝以资格用人，侍郎须迁都御史乃升工刑等部，礼尚必由工刑兵三部尚书转调，此实异数也。王锡蕃、徐致靖以少詹读学升侍郎，尤为向来所无。王、徐皆类言新政者，上之简擢得人不吝爵赏，破去资格如此，二十二日乃实授，今仅署理者，以上无授二品官之权，须请命太后也。上向来无用人之权，至是最为放手办事，然仅名署理，上之无权如此。

同日上谕：

翰林院侍读学士徐致靖奏，冗官既裁，请酌置散卿
以广登进一折。著孙家鼐妥速议奏，钦此。

谨案：是时卿寺既裁，于是实无散大夫以位通才资讽议者，学
士徐致靖请增置散卿，实登进人材之善制也。

同日上谕：

内阁候补侍读杨锐，刑部候补主事刘光第，内阁
候补中书林旭，江苏候补知府谭嗣同，均着赏加四品卿
衔，在军机大臣章京上行走，参预新政事宜。钦此。

谨案：上举行新政，而枢臣耄老，不能辅佐维新，上又无权去
之，又无权添用军机大臣，至是渐操用人之权，乃选新进小臣以辅
新政，以杨锐、刘光第为陈宝箴所保，故信之。以谭嗣同为徐致靖
所保，故信之。以林旭为康有为之弟子，故信。特加四品卿，令
入军机参预新政，参预者用日本维新置参与官于宫中之义也。皇上
别授朱谕于四人，令其将新政条理开列，竭力辅佐，无有畏惧，所
有新政奏折，皆令阅看，谕旨皆特令撰拟，盖恶诸大臣既极，束之
高阁，而以国政系于四卿，名为章京，实则宰相也。后此新政，皆
四人行之。密诏传授，亦交四人焉。擢用才臣，不论资叙，四人皆
负一时才望，立贤无方，盖有成汤、汉武、明祖之风焉。

二十二日上谕：

亲民之官，莫如牧令，自来循吏著绩，皆以养民教民为先务。近来地方州县，既有保护教民之事，又有培植学堂之举，内政外交，责成尤关紧要。非得明体达用之能员，措置安能裕如，着各直省督抚留心访查，所属地方州县官，如有迕迁时务，勤政爱民之能员，即随时保送引见，以备录用。朕为国为民，殷殷求治，该督抚等务当屏去私心，汲引善类，方不负大臣以人事君之义。钦此。

　　谨案：上注意县令之选，而欲得通达爱民之才以奖励之，真得治本矣。

　　同日上谕：

　　李鸿章、敬信，均着毋庸在总理各国事务衙门行走。钦此。

　　谨案：礼部全堂既斥，守旧大臣皆恐。至是咸怀震动之心，荣禄亦惧不免，于是祸变促矣。

　　同日上谕：

　　前据户部奏办昭信股票原定章程，愿借与否，听民自便，不准苛派抑勒，嗣因地方官办理不善，据御史黄桂鋆等先后奏参四川、山东省办理昭信股票，苛派扰民，当谕令该部妥议具奏。兹据户部奏称股票扰民，屡经指摘，近时收数无多，除京外各官，仍准照常请领，并官民业经认定之款，照案捐缴外，其绅商士民人等，请一概停止劝办等语，朝廷轸念民依，原期因时制宜，与民休息。岂容不肖官吏，任意苛派，扰害闾阎，其民间现办之昭信股票，着即停止，以示体恤而安民心，余均照部议行，该部知道。钦此。

谨案：昭信股票之害，当拟办时，康有为走书与当道力争之，至是月上折请停止。或请改归各原省办学工商之用。听民捐民办，而诸臣言者自高燮曾以后亦多，然户部仰屋久矣。各省亦见款即拨，万无可停止之理，康之上折多有止之者，不料上之痌瘝爱民，断然停止，真出臣民意外者，以见上之神武刚断，而爱民至矣。

二十三日上谕：

现在裁撤各衙门，业经分别归并，所有各衙门裁缺各官，未便听其闲散。现当振兴庶务，详划久远，应于铁路矿务总局，酌设大小官员额缺，以备将来量材任使，着总理各国事务王大臣会同吏部妥速详议具奏。钦此。

谨案：裁官为最难之举，以必有位置然后裁汰，乃无谤怨，上于勇除积弊之中，何尝不寓体恤群僚之意哉。

同日上谕：

户部奏代递主事王凤文请设立赈施一折，以工代赈，实救荒之良法。中国办理善政，旧有此条，而泰西

戊戌政变记

推行尤广。所有修造工程各业手艺，皆足为养赡穷民之用。国家偶遇灾荒，赈施动拨巨款，而在事人员，办理不善侵渔冒领，弊端百出，灾黎转不得均沾实惠，若以工代赈，则弊杜而工业可安。近来江苏、湖北、山东等省，偏灾屡告，饥民转徙流离，朕心深为轸念，王凤文所请不无可采，着农工商务总局端方等，妥议开办章程，迅速具奏。钦此。

谨案：上轸念民生，百日中诏旨无数，群工有请，皆立见施行如此。

同日军机大臣面奉谕旨：

近日各衙门呈递封奏，有一日多至数十件者，嗣后凡有呈请代递之件，随到即分日进呈，不必拘定值日之期。钦此。

谨案：言路大开，臣民皆得上书，故一衙门至数十折。上阅至日昃不尽，然亦不厌。以各衙门皆待值日之期，乃为代递，故特命分日进呈。

同日上谕：

孙家鼐奏请设医学堂等语。医学一门，关系至重，亟应另设医学堂考求中西医理，归大学堂兼辖，以期医学精通。即着孙家鼐详议办法具奏。钦此。

谨案：中国向来巫医皆贱，故学业无成、粗识之无之人充之，虽京师之大，至无医者，皆以士夫兼代之，若其荒僻之壤，医者益疏浅，其轻生民戕寿命亦大矣。泰西大学，医为一科，今特许增之，实为维新之一政也。

同日上谕：

孙家鼐奏遵议翰林院侍读学士徐致靖请酌置散卿一折。古有侍从之臣，皆妙选才能以议庶政，现当朝廷振兴百度，自应博采众论，广益集思，以期有裨政治，着照所议酌置三四五品卿，三四五六品学士各职，遇有对品卿缺，并翰林衙门封品缺出，即由吏部一体开单请旨录用，以备献纳。仍着按品给予俸禄，应如何详立条款，著为定例，着该部妥议具奏。钦此。

谨案：卿寺既裁，而通才讽议之官无位置，学士徐致靖特请增散大夫之职，康有为代草折上之，上嘉纳议行。

二十五日上谕：

前经降旨撤詹事府等衙门，并谕令大学士六部及各直省督抚，将其余京外应裁文武各缺，及一切裁减归并各事宜，分别详议筹办，迅速具奏，现在已裁各衙门归并事宜，业由各该衙门遵照办理，其余各衙门应裁文武各缺，尚未据将筹办情形具奏。再申谕该大学士六部尚书侍郎，及各省督抚等凛遵前旨，将在京各衙门冗闲员缺，何者应裁，何者应并，速即切实筹议。外省道员，以及同通佐贰等官，及候补分发捐纳劳绩等项人员，认真裁并，严加甄别沙汰，其各局所冗员，一律裁撤净尽。本日据户部代递主事吴锡寯条陈内，称漕督所辖卫所各官，既系武职，并无管带漕标之兵，名实殊不相符，所有军田可以拨归府州县征收等语。此项人员本在应行裁并之列，即着该督抚等妥速议奏，并漕督一缺，究竟是否应裁，亦着两江总督、江苏巡抚一并详议具奏。至京外已裁实缺，候补各员，应如何分别录用，及饬令回籍候缺，均着妥议条款，请旨办理，该大学士、尚书、侍郎、督抚等务当从速筹办，不准稍事迁延。尤须破除积习毋得瞻徇情面，用副朝廷综核名实之至意，将此通谕知之。钦此。

谨案：中国举国几半冗员也，蠹民实甚，然大臣亲友姻娅，遍满中外，谁敢为之，非圣主雷厉风行，岂能及此，漕运一官，至今尤为无用，泰西各国皆无之。以运米乃一商人之事耳，裁省此官，清江津通各仓搬丁，运船卫丁，漕米种种浮蠹，所省实多，盖漕运当国初时四百余万石，近尚百余万石，刘权之谓每石运费十八两，聚而食于漕者，官吏兵丁十数万人，但折漕裁官，变此一事，岁可千万。光绪十四年康有为曾代某御史上折，请裁漕督，以其折费筑铁路，若早行之，至今十年，有万万之款，得万里之铁路矣。上知而决行之，然宦竖旗人，多食于此。虽以上之圣武，终不能断然废漕，则以无权故也。

二十六日上谕：

刑部奏代递主事萧文昭条陈一折。中国出口货以丝茶为大宗，自通商以来，洋货进口日多，漏卮巨万，恃此二项，尚堪抵制。乃近来出口之数顿减，若非亟为整顿，恐愈趋愈下，益无以保此利权。萧文昭所请设立茶务学堂，及蚕桑公院，不为无见，着已开通商口岸，及出产丝茶省分各抚督迅速筹议开办，以阜民生而固利源。钦此。

谨案：日本于烟草一事至微末，犹设专官专会，况我丝茶之大乎。近年日益凋敝，故上特谕行茶务学堂、蚕业公院也。

二十七日上谕：

国家振兴庶政，兼采西法，诚以为民立政，中西所同，而西人考究较勤，故可以补我所未及。今士大夫昧于域外之观者，几若彼中全无条教，不知西国政治之学，千端万绪，主于为民开其智慧，裕其身家，其精者乃能美人性质，延人寿命。凡生人应得之利益，务令其推广无遗。朕夙夜孜孜，改图百度，岂为崇尚新奇，乃眷怀亦了，皆上天之所畀，祖宗之所遗，非悉使之康乐和亲，朕躬未为尽职，加以各国环交陵迫，非取人之所长，不能全我之所有，朕用心之苦，而黎庶犹有未知，职由不肖官吏，与守旧之士夫，不能广宣朕意，乃反煽动浮言，使小民摇惑惊恐，山谷扶杖之民，有不获闻新政者。朕实为叹恨，今将变法之意，布告天下。务使百姓咸喻朕心，共知其君之可恃。上下同心，以成新政，以强中国。朕不胜厚望，着察照四月二十三日以后所有关乎新政之谕旨，各省督抚，均迅速照录，刊刻誊黄，切实开导。着各州县教官，详切宣讲，务令家喻户晓，各省藩臬道府，饬令上书言事，毋得隐默顾忌。其州县官应由督抚代递者，即由督抚将原封呈递，不得稍有阻格，总期民隐能上达，督抚无从营私作弊为要。此次谕旨，并着悬挂各省督抚衙门大堂，俾众共观，庶无壅隔。钦此。

谨案：于时守旧诸臣，谣谤纷纭，不止攻击康有为，且多直诋圣上者，上更为谆谆教戒，复下此论。呜呼！上爱民之心，救中国之勇，施行新政之决，通达西人政学之深如此，其所务乃在于开民智，裕民身，美性质，延寿命。试问士大夫闭关守旧者，能知此乎？即言西人军兵炮械之精奇者，亦岂能知此乎？至于使百姓咸喻圣心，教诲爱养之意，古今诏书所未见。海外商民读此诏莫不感泣，则人人当有同心矣。先是叠经割削，民有离心，至是四万万人皆知国有圣主，人人翘首企足，复望自强矣。请以新政刊刻誊黄，乃从康有为之请，俾民人家喻户晓，不致为吏所抑遏也。上旁采人言，无所不至，先是藩臬官尊，例得上折言事，然过于督抚自嘉道后无敢上摺者，上乃命下及道府州县，皆准上折。所以旁求俊义，博知四海，通下情而达民隐者，国朝未之有也。此诏为国朝第一诏书，恻怛爱民，饥溺自任，以变中国二千年之弊政，定开懋勤殿选通才入直之旨，为谭嗣同所草，二十八日即诣颐和园，而旋下不保位之密诏，然则此诏亦为新政之殿矣，呜呼痛哉！

同日上谕：

日讲起居注官黄思永奏筹款，试办速成学堂一折。京师大小学堂，业经先后降旨，谕令孙家鼐及五城御史分别举办，兹据奏称小学堂收效尚缓，大学堂事属创举，开办不易。欲速不能请自行筹款设立速成学堂，以期收效等语，用意殊属可嘉，着即准如所请，筹款试办，以为之倡，果有成效，再行扩充，并当予以奖励着俟开办后，察看情形，随时具奏。钦此。

谨案：皇上之从善如圝，臣工有奏，无不即从，有善举无不奖励。

同日上谕：

中书祁永膺奏请将各省教职，改为中小学堂教习一折。著孙家鼐妥为具奏。钦此。

谨案：教官在宋时实司教导，元有山长，事势潜移，驯至今日，将六百年，教官皆以老耄冗散之人，卧治充选，必应改作也。

同日上谕：

瑞洵奏请，遍设报馆实力劝办一折，报馆之设，原期开风气而扩见闻，该学士所称现商约同志于京城，创设报馆，翻译新报，为上海官报之续等语，即着瑞洵创办以为之倡，此外官绅士民，并着顺天府五城御史切实劝谕，以期一律举行。钦此。

戊戌政变记

谨案：上鼓励报馆，至遍嘱劝谕绅民举行，凡臣工有所陈，上谕必有增入之语，所以开民智而裕民生者至矣。其与古之监谤禁语，何其反乎。

同日上谕：

前因振兴与庶务，首在革除壅蔽，当经谕令各衙门代递事件，毋得拘牵忌讳，嗣因礼部阻格司员王照条陈，当将怀塔布等予以重惩，复先后谕令都察院及各衙门随呈随递，不必拘定值日之期。诚以百度维新，必须明目达聪，始克收敷奏以言之效。第恐大小臣工，狃于积习，不能实力奉行，用再明白宣谕，以后各衙门有条陈事件者，次日即当呈进，承办司员，稍有抑格，该部院堂立即严参惩办，不得略予优容，所有六月十五日七月十六日谕旨，七月十九日朱谕，七月十七日及二十四日交片谕旨，均令各衙门录写一通，同此件谕旨一并悬挂大堂。俾其触目警心，不致复萌故态，以示朕力除壅蔽之至意。钦此。

谨案：中国之弊，既无议院以达下情，直省守令，闭处公署，蔽蒙已甚，况督抚藩臬，辖数千里之地，民情吏治，更盲闭无知。若夫九重之尊，除督抚卿贰台谏数十人外，无能递折上言者，即叩阍亦不能递。而所谓督抚卿贰，皆经累数十年资格而后至，御史官卑，亦自十余年郎官而后除，由翰林简擢者最速矣，亦向不讲时务，故入于上之耳者，皆守旧愚陋之谈。中国之亡在于此。皇上严惩违旨壅蔽之大臣，更令悬挂大堂，触目警心，以除壅蔽，然后能坐一室而观四海，不窥户牖而知天下也。然大臣之目无君上，积成风气，皇上亦无如之何矣。

同日上谕：

瞿鸿机奏江阴南菁书院遵改学堂，并将沙田试办农学一折。江阴南菁书院，经前学政黄体芳创设考课通省举贡生监，现既改为学堂。着准其照省会学堂之例，作为高等学堂，以资鼓舞。该书院原有自管沙田一项。据称拟参用西法树艺五谷果蔬绵麻等项，将未经围占之地，先行试办，如有实效，再行推广学堂，农会相辅而行，洵为一举两得之道，该学政此奏，具见筹画精详，留心时务，即着照所议认真办理。务收实效，毋托空言，钦此。

谨案：于是直省闻风争言农商之学，争译农商之书，好事者争捐地以为农会，盖上行下效，风气大开如此。

二十八日奉旨：

昨已明降谕旨令各省藩臬道府均得上书言事，其州县条陈事件，应由督抚将原书代递，即着各省督抚传知藩臬道府，凡有条陈，均令其自行专折具奏，毋庸代递，其州县等官言事者，仍由督抚将原封呈递，至士民有欲上书言事者，即径由本省道府等随时代奏，不准稍有抑格，如敢抗违，或别经发觉，将该地方官严行惩处，仍将遵办情形，迅速电奏。钦此。

谨案：上之明目达聪，求通下情而恶壅蔽至矣。州县递折，本朝已无，至于士民上书，由道府代递，盖犹恐诣关太远。士民不易，犹伏小人之箴，而野有遗贤也。古之命众至庭，嘉石肺石，皆待伏阙，此则中国四千年尧舜禹汤文武所未有者矣。呜呼！非圣主而能如是乎。

二十九日上谕：

军机大臣等议复袁昶条陈，请筹八旗生计等语。旗丁生齿日繁，徒以格于定例，不得在外省经商贸易，遂致生计日艰，从前富俊、松筠、沈桂芬等，均曾筹议及之，现当百度维新，允宜弛宽其禁。俾得各习四民之业，以资治生，著户部详查嘉庆、道光年间徙户、开屯、计口、授田成案，切实订立新章，会同八旗都统迅速奏明办理。钦此。

谨案：八旗生计之苦，以坐食之故。然旗人狃于承平，故虽经富俊、松筠百年前经营，而仍不举。然今更百年，生计更难，人亦无敢言者。皇上断自圣心，将使悉为农工以安富之，所以为八旗计久远者，莫有过是。

八月一日上谕：

翰林院奏代递庶吉士丁惟鲁请编岁入岁出表颁行天下一折。户部职掌度支，近年经用浩繁，左支右绌，现在力行新政，尤须宽筹经费，以备支用。朕惟古者冢宰制国用，量入为出，以审岁计之盈虚，近来泰西各国，皆有豫筹用度之法，着户部将每年出款入款，分门别类，列为一表，按月刊报，俾天下咸晓然于国家出入之大计，以期节用丰财，蔚成康阜。朕实有厚望焉。钦此。

谨案：我朝国计在户部档房数人，各司分职，已无从知其详者，士大夫更无从知之，安能如各国统算豫计决算而理财用哉？盖中饱之人多故也。康有为于进呈《日本变政考》，发明此事极详，西学大开，此义大明，上皆采用，此户部之所恶，而天下之所乐。然非上之刚决，则一宦寺之言，即不行矣。

同日上谕：

户部奏代递主事蔡镇藩请审官定职以成新政一折。朕详加披阅，除御史规复巡按旧制各关监督改为关道两节，应无庸议外，其余所陈各条，具有条理，深得综核名实之意，可以见诸施行，著军机大臣会同大学士各部院并翰林科道各官，详议具奏，钦此。

谨案：变法必先变官制，康有为正月之折已极言之，上无全权，为下所阻未能行。至是采用群臣之言，上盖欲决行重定官制矣，然是时上已知位不保，犹从容用人言而行新政，圣度如天，岂可及哉？

同日上谕：

现在练兵紧要，直隶按察使袁世凯办事勤奋，校练认真，着开缺以侍郎候补，责成专办练兵事务，所有应办事宜，着随时具奏，当此时局艰难，修明武备，实为第一要务，袁世凯惟当勉益加勉，切实讲求训练，俾成劲旅，用副朝廷整饬戎行之至意。钦此。

　　谨案：各国兵马大权，皆其国主总之，称大元帅。复置参谋本部，妙选人才，以筹军事，法至善也。于是康有为草疏，请皇上亲御戎衣，自统六军，仿日本例置参谋本部，选天下熊黑之士，不二心之臣，皆拔置本部中。谭嗣同荐袁世凯之将才，上乃召袁世凯询问兵事，欲以备参谋部之任，特加其官，令其将应办事宜专折具奏，俾其独将。又于时宫廷已有废立之意，虽事秘难知，而先一日密诏已下，言位几不保，上抚慰将才，欲待天津阅兵时资其保护也。荣禄素怀不轨，知事已急，即日造谣，三电总署云，英、俄开仗于珲春，英舰七艘泊于大沽，立调袁世凯出津防御。时袁未谢恩，须待初五日，然是日杨崇伊自天津还，持荣禄书见庆亲王请训政，初二日杨崇伊即自到颐和园递请训政之折。当时士大夫见京津间，荣禄私人往来络绎，多有知其密谋，将兴晋阳之甲者，及闻外患，反以为可少纾内忧，不知皆荣禄之诡谋诈言也。荣禄先调聂士成军于天津，袁世凯五日夕至津，荣禄复留之于天津，令护直隶总督。盖袁之为人机诈反覆，深知皇上无权，且大变将兴，皇上将不能自保，故虽受皇上不次拔擢之大恩，终不肯为皇上之用，且与贼臣之逆谋，卖主以自保，而大变遂成于其手矣。

第二篇　废立始末记

第一章　西后虐待皇上情形

西太后与皇上本非亲生母子，当穆宗之崩，西后欲专朝权，利立幼君，当时上犹在襁褓之中，故立之。及帝稍长，英明渐露，西后颇惮之，因欲以威箝制之，故虐待皇上无所不至，有义烈之宦官名寇连材者，（寇之事迹详下篇）尝有笔记记宫中轶事，今摘录其数条，皇上之苦辛可以略见矣。其言云：

中国四百兆人中境遇最苦者莫如我皇上。盖凡人当孩童时无不有父母以亲爱之，顾复其出入，料理其饮食，体慰其寒暖，虽在孤儿，亦必有亲友以抚之也。独

戊戌政变记

皇上五岁即登极，登极以后，无人敢亲爱之，虽醇邸之福晋（醇亲王之夫人，皇上之生母），亦不许亲近，盖限于名分也。名分可以亲爱皇上者，惟西后一人，然西后骄侈淫泆，绝不以为念。故皇上伶仃异常，醇邸福晋每言及辄涕泣云。

皇上每日三膳，其馔有数十品，罗列满案，然离御座稍远之馔，半已臭腐，盖连日皆以原馔供也。近御座之馔，虽不臭腐，然大率久熟干冷不能可口，皇上每食多不能饱，有时欲令御膳房易一馔品，膳房必须奏明西后，西后辄以俭德责之，故皇上竟不敢言。

西后待皇上无不疾声厉色，少年时每日呵斥之声不绝，稍不如意，常加鞭挞，或罚令长跪。故积威既久，皇上见西后如对狮虎，战战兢兢，因此胆为之破，至今每闻锣鼓之声，或闻吆喝之声，或闻雷，辄变色云。

皇上每日必至西后前跪而请安，惟西后与皇上接谈甚鲜，不命之起，则不敢起。甲午五六月高丽军事既起，皇上请停颐和园工程以充军费，西后大怒，自此至乙未年九月间凡二十阅月，几于不交一言，每日必跪至两点钟之久，始命之起云。

此乃宫中寻常日用之事，外人不得而知者。以彼烈宦所记之言观之，则其种种虐待情形可以想见矣。

第二章　光绪二十年以来废立隐谋

光绪十六年下归政之诏，布告天下。然皇上虽有亲裁大政之名，而无其实。一切用人行政皆仍出西后之手。内之则宦官李联英，外之则军机大臣孙毓汶，皆西后最得力之人，把持朝权，视皇上如虚器。至光绪二十年，皇上年渐长，图治之心渐切，因见各大臣皆不听号令，欲亲擢一二通才，以资驰驱，乃于四月间擢编修文廷式为侍读学士（由七品擢升四品），文廷式者尝教授瑾妃、珍妃者也，当是时二妃颇能进言，皇上又擢二妃之兄志锐为侍郎，于是西后大滋疑忌，其年祝西后六旬万寿，先期演习礼仪，于某日定期巳刻，皇上率文武百官齐集，惟西后之嬖宦李莲英至未刻始至，皇上与百官鹄立三时之久，以待一奄竖，演礼既毕，皇上大怒，因廷杖李联英四十，李大怒，诉于西后，西后恨皇上益甚。李联英平日既恃西后之宠幸，陵蔑皇上，恐一旦西后晏驾，皇上执权，则己之首领必不保，因日进谗言于西后，言皇上有怨望之心。盖自是而西后废立之谋日蓄于胸中矣。

其时中东战事起，军书旁午，警报叠闻，西后惟以听戏纵欲为事，一切不关心，而政府及将帅皆西后之私人，皇上明知其误国，而不能更易，于是有御史安维峻抗疏言太后既已归政于皇上，则一切政权不宜干预，免掣皇上之肘，西后大怒，立将安维峻革职，遣戍张家口，上谕略云：

　　朕奉慈禧端佑康颐昭豫庄诚寿恭钦献皇太后慈训，以孝治天下，薄海臣民所共见，乃有御史安维峻妄造谣言，离间皇太后及朕躬，殊为狂悖，安维峻着即革职，发往张家口，以儆效尤。钦此。

戊戌政变记

此甲午年十一月间事，实西后翦除皇上羽翼第一事也。

同时将瑾妃珍妃革去妃号，褫衣廷杖，妃嫔而受廷杖，刑罚之惨，本朝所未闻也。二妃之兄志锐，因为皇上所信用，谪之于乌里雅苏台，至今未蒙召还。文廷式托病出京，仅免于罪，此为西后翦除皇上羽翼第二事。

当是时即欲废皇上而立某亲王孙某为新帝，某佯狂不愿就。盖皇族之人，皆知西后之凶残，畏居帝位之苦累，不欲贪虚名以受实害也。而恭亲王亦力争废立，西后颇惮之，其谋遂止。然自此以后，皇上每召见群臣，西后必遣内监在屏风后窃听之。皇上战战栗栗，如坐针毡矣。

翁同龢者，皇上之师傅也。皇上自幼年即从之受学，交情最深，倚为性命，举朝大臣，半皆西后之党，其忠于皇上者惟翁而已。翁时在军械，仍兼毓庆宫行走，毓庆宫者，皇上读书之地也。皇上召见军机时，翁与军机诸臣同见，皇上幸毓庆宫时，则翁同龢一人独见。乙未六月间，皇上用翁之言，将孙毓汶、徐用仪等罢斥，西后大怒，乃将翁同龢革去毓庆宫差事，令其不得与皇上有密谈，此为西后翦除皇上羽翼第三事。

工部侍郎汪鸣銮者，翁同龢之党也。兵部侍郎长麟者，满洲人之忠于皇上者也，皇上召见长麟时，偶言及太后掣肘之事，长麟云，太后虽穆宗皇上之母，而实文宗皇上之妾，皇上入继大统，为文宗后，凡入嗣者无以妾母为母之体。故慈安皇太后者，乃皇上之嫡母也。若西太后，就穆宗朝言之，则谓之太后，就皇上言之，则先帝之遗妾耳。本非母子，皇上宜收揽大权云云，不意其言为屏风后之内监所闻，报知西后，即日逼皇上降谕略云：

朕受皇太后二十年鞠育之恩，皇太后之圣德，天下所闻。朕事奉皇太后亦不敢有失，乃汪鸣銮、长麟于召见时，屡进谗言，离间两宫，着即行革职，永不叙用。钦此。

此乙未年九月间事也，当时恭亲王为军机大臣。见此旨大惊，问皇上云：长汪二人因何故获罪？皇上垂涕不答，恭亲王伏地痛哭不能起云，此实西后剪除皇上羽翼第四事。

至丙申年二月忽降一上谕，略云：

御史杨崇伊奏参翰林院侍读学士文廷式一折，据称文廷式在松筠庵广集徒众，妄议朝政，及贿通内监，结党营私等事，虽查无实据，事出有因，文廷式着革职永不叙用，并即行驱逐回籍，不许逗留。钦此。

当时忽下此诏，如青天起一霹雳，京师人人震恐，虑皇上之位不保。盖文廷式自甲午年托病出京，乙未秋间复入京供职，西后因其为皇上所擢用之人，极为猜忌。故讽言官劾之，驱逐出京，使不得与皇上相见，此实西后剪除皇上羽翼第五事。

同时有义烈宦官寇连材者，奏事处之太监也。初为西后服役，西后深喜之。因派令侍皇上，盖欲其窥探皇上之密事也。寇连材深明大义，窃忧时局，一日忽涕泣长跪于西后之前，极言皇上英明，请太后勿掣其肘，又言国帑空虚，请太后勿纵流连之乐，停止园工，并参劾西后信用之大臣，西后大怒，即日交内务府慎刑司下狱，翼日不待讯鞫，即行处斩，皇上闻之，为之掩泪，北京志士，莫不太息。此为西后翦除皇上羽翼第六事。

凡此诸端，皆宣播于外，人人共知者，若其暗中翦除羽翼之事，尚不知几许，盖西后之谋，必不许皇上有一心腹之人。皇上有所信用之人，必加以罪。务令廷臣不敢效忠于皇上，皇上不敢示恩于群臣，然后其心始安。大臣之中，大半皆其私人，小臣之中，亦敢怒而不敢言。盖数年以来，京师皆岌岌有不可终日之势矣。

其废立之谋，露于形迹者，尚有贝勒载澍之一事，载澍者某亲王之子，而宣宗之孙也。其夫人乃西后之侄女，因载澍有妾生子，妒杀其子，澍怒，面责之。其夫人遽归外家，诉于西后，载澍之母，明知祸发，乃先入宫自首谢罪，西太后遽降诏曰，载澍不孝于其母，今经其母前来控告，本当将载澍明正典型，姑念其为先帝之孙，着即行永远圈禁，以儆不孝云云。当时强令皇上将此诏交礼亲王宣布，皇上垂泪不能发言，礼王见诏手颤膝摇，牙齿相击，及宣诏后，澍贝勒之母昏晕于地云，澍贝勒今犹圈禁于内务府之诏狱中，每日只许进一饭，严冬不给寒衣，惟一老狱卒怜其为皇孙，日则炽炉烘之，夜则拥之以睡而已，其惨酷如此，盖所谓抗世子法于伯禽，借澍贝勒以作皇上之影子也。

第三章　戊戌废立详记

西后既蓄此隐谋，因推其不肖之心以待皇上，疑心生暗魅，常反疑皇上与诸臣之欲废己也。乙未丙申之间，虽宗室王公及命妇入宫者，皆须搜检其身，恐藏有凶器，虽庆亲王之妻入宫，亦须搜云。而其忌皇上之召见小臣为尤甚，盖大臣皆西后之心腹，且老耄无气，故不畏之，少年气盛之人，感皇上之恩，必乐效驰驱，故最忌。文廷式所以数经惊险者以此也。胶州、旅顺、威海既割，康有为屡次痛哭言事，皇上屡欲召见之，而为恭邸所压抑，及恭邸既薨，徐致靖奏荐康有为，于是有召见康有为之事。此实为改革之一大关键，而废立之谋亦从此决矣。

恭亲王之死，于改革及废立皆有大关键，今请先言恭亲王之为人，王当同治间，有文祥为之辅佐，故政绩甚可观，其实见识甚隘，不通外国情形，加以近年耄气益深，绝不以改革为然。故恭亲王未死时，皇上欲改革而不能，因王为军机首座，不肯奉诏，皇上无如何也。王虽无识，不知改革，然尚知大义，且尝受文宗皇帝遗诏，令其节制西后，故西后颇惮之，废立之举，恭王力持不可，西后亦无如何也。

自四月初十以后，皇上日与翁同龢谋改革之事，西后日与荣禄谋废立之事，四月二十三日皇上下诏誓行改革，二十五日下诏命康有为等于二十八日觐见，而二十七日西后忽将出一朱谕强令皇上宣布，其谕略云：

> 协办大学士户部尚书翁同龢，近屡次经人奏参，且

于召对时出言不逊，渐露揽权狂悖情形，本当从重惩处。姑念在毓庆宫行走多年，著加恩准其开缺回籍，以示保全。钦此。

皇上见此诏，战栗变色，无可如何，翁同龢一去，皇上之股肱顿失矣。及翁同龢之出京也，荣禄赆之以千金，且执其手呜咽而泣，问其何故开罪于皇上云。呜呼！李林甫之口有蜜，腹有剑，于今复见，小人之伎俩诚可畏哉。

此四月二十七日事也。同日并下有数诏书，皆出西后之意，其一命凡二品以上官授职者皆须到皇太后前谢恩，其二命王文韶、裕禄来京，命张之洞毋庸来京。其三命荣禄为直隶总督北洋大臣，而九月间皇上奉皇太后巡幸天津阅兵之举，亦以此日决议。盖废立之谋，全伏于此日矣。荣禄之不入军机而为北洋大臣何也？专为节制北洋三军也，北洋三军，曰董福祥之甘军，曰聂士成之武毅军，曰袁世凯之新建军。此三人皆荣禄所拔擢。三军皆近在畿辅，荣禄讽御史李盛铎奏请阅兵，因与西后定巡幸天津之议，盖欲胁皇上至天津因以兵力废立，此意满洲人多知之，汉人中亦多为皇上危者，而莫敢进言。翁同龢知之，不敢明言，惟叩头谏止天津之行。而荣禄等即借势以去之，皇上之危险，至此已极矣。

初二三月间，荣禄尝欲联合六部、九卿上表，请西后复行垂帘，先谋之于兵部尚书徐。徐曰："奈清议何？"事遂沮。李盛铎又欲联御史连署请垂帘，奔走数日，不能得，有两人皆模棱两可，亦不能成。及巡幸天津之议既定，遂不复谋此事。

西后与荣禄等既布此天罗地网，视皇上已同釜底游魂，任其跳跃，料其不能逃脱，于是不复防闲，一听皇上之所为。故皇上数月以来，反因此得有一二分之主权，以行改革之事。当皇上之改革也，满洲大臣及内务府诸人，多跪请于西后，乞其禁止皇上。西后笑而不言，有涕泣固请者，西后笑且骂曰："汝管此闲事何为乎？岂我之见事犹不及汝耶？"自此无以为言者。或问于荣禄曰："皇上如此妄为，变乱祖制，可奈何？"荣禄曰："姑俟其乱闹数月，使天下共愤，罪恶贯盈，不亦可乎？"盖彼之计画早已定，故不动声色也。

自四月以来，北京谣言极多，皆言皇上病重，初言患淋症，继言患腹泄症，继言患遗精症，继言患咳嗽症，皆云自内务府太医院传出，确凿有据。或言张荫桓进红丸，或言康有为进红丸，亦皆言之确凿。盖皆西后与荣禄等有意造此谣言，以为他日杀害皇上，及坐康张等罪名之地也。彼等言皇上无时不病重，然皇上日日办事，召见大小臣，且间数日必诣颐和园向西后前请安，常在瀛秀园门跪迎跪送西后，是岂有病之人所能如是耶？有人问军机大臣王文韶云，皇上之病实何如？王曰："吾日日见皇上，实不觉其有他病，但有肝病耳。"盖皇上每怨诸臣之疲玩，常厉声责之，故王谓其肝火盛也。谭嗣同召见时，当面询皇卜病体若何？皇上言朕向未尝有病，汝何忽问此言，谭乃惶恐免冠谢云。观此，则皇上之无病甚确矣。而彼等之造此言者，盖欲他日加害皇上，而以病崩布告天下，箝塞人口也。至其谓康、张进红丸，出入宫禁，盖欲俟加害皇上后，即以此诬坐二人之罪。其布置历历可数矣，政变之日（八月初六日），北京即有电旨往上海，言皇上已崩，系康有为进红丸所弑，急速逮捕就地正法云云。此电旨上海道持以告各国领事，请其协拿，英领事亲见之，夫皇上至今尚存，而彼于八月初六日，即诬康以已弑皇上之罪。盖其蓄谋甚久，欲加害皇上，而归罪于康。故先造此谣言，令人人皆信也。

至七月初间，皇上忽语庆亲王云："朕誓死不往天津。"七月中旬，天津罢行之说，已宣传于道路。当时适值革礼部六堂官，擢军机四京卿之时。守旧党侧目相视，七月二十间，满大臣怀塔布、立山等七人，则往天津谒荣禄。越数日御史杨崇伊等数人，又往天津谒荣禄，皆不知所商何事。而荣禄遽调聂士成之军五千人驻天津，又命董福祥之军移驻长升店（距北京彰义门四十里），七月二十九日，皇上召见杨锐。是日有旨命袁世凯入京，八月初一日召见袁世凯，即日超擢为侍郎，初二日复召见袁世凯，是日又召见林旭，而御史杨崇伊、张仲炘等，亦于是日诣颐和园上封事于太后云。初三日荣禄忽有电报达北京，言英、俄已在海参崴开战，现各国有兵船十数艘在塘沽，请即遣袁世凯回天津防堵，袁世凯即于初四日请训出京，而皇上命其初五乃行，于初五日复召见袁世凯，至初六日而遂有西后垂帘，志士逮捕之事。

二十八日之召见杨锐，初二日之召见林旭，初五日之召见袁世凯，皇上皆赐有朱笔密谕，二十八日之谕系赐杨锐及康有为、谭嗣同、林旭、刘光第等五人。初二日之谕系专赐康有为，初五日之谕系专赐袁世凯云，闻袁世凯既退朝语人云，皇上若责我以练兵，我不敢不奉诏，若他事则非我之所知也。故当时北京之人，咸疑皇上三密诏中，皆与诸臣商废幽西后之事。而政变之时，贼臣即藉此以为谋图颐和园之伪诏以诬污皇上者也，后康有为将前两谕宣布，不过托诸臣保护，及命康出外求救之语，然则袁之密谕，亦无废后之事可想而知。今将赐康有为等之两谕揭载于下：

朕惟时局艰难，非变法不能救中国。非去守旧衰谬之大臣而用通达英勇之士不能变法，而皇太后不以为然，朕屡次几谏，太后更怒，今朕位几不保，汝康有为、杨锐、林旭、谭嗣同、刘光第等，可妥速密筹，设法相救，朕十分焦灼，不胜企望之至。特谕。

上七月二十八日，谕康有为、杨锐、林旭、谭嗣同、刘光第五人，由杨锐带出。

朕今命汝督办官报，实有不得已之苦衷，非楮墨所能罄也。汝可迅速出外，不可延迟，汝一片忠爱热肠，朕所深悉，其爱惜身体，善自调摄，将来更效驰驱，共建大业，朕有厚望焉。特谕。

上八月初二日谕康有为一人，由林旭带出。

自初六日垂帘之诏既下，初七日有英国某教士向一内务府御膳茶房某员，询问皇上圣躬安否，某员言皇上已患失心疯病，屡欲向外逃走云。盖皇上自恐不免，因思脱虎口也。而为西后之党所发觉，乃将皇上幽闭于南海之瀛台，南海者，大内之离宫也。瀛台在海之中心，四面皆环以水。一面设板桥以通出入，台中约有十余室云，当皇上之欲外逃也，闻有内监六人导之行，至是将六监擒获，于十三日与六烈士一同处斩，而西后别易己所信任之内监十余人以监守瀛台，名虽至尊，实则囚虏矣。

八月十三日，忽有一上谕，言皇上自四月以来病重，宣诏天下名医入宫医治，国人见此诏书，无不骇诧，盖皇上自四月以来，召见引见群臣，不下数百人，日日办事，早朝晏罢，圣躬之无病，众所共见，乃今忽有此诏，盖西后荣禄等之用意有三端焉：一欲施鸩毒，二欲令皇上幽囚抑郁逼勒而死，三欲借皇上久病之名，因更立太子，强使禅位也。盖彼欲行此三策，必须诬皇上为久病，然后不至动天下之兵。故数月以来，内务府遍布病重之谣言，皆以此故。犹恐天下之人不见信，故特降此伪诏，其用心之险毒已极矣。

自八月初十日至三十日之间，杖杀之宫女内监，其数甚多。闻皆在怀中搜出有枪刀等器，西后谓其欲行刺己，故杀之云，至内监等之带枪刀，或为保护皇上，实未可知，要之不可谓非义士也。又闻某日在宫中搜出西衣数袭，乃有某优伶携入者，疑是皇上欲易衣装，托于英国、日本使馆云。事既露，优伶等亦被捕。盖皇上处樊笼之中，其困苦颠连之情形，可以想见矣。

自九月以后，立储易位之议，道路传说，初议立庆亲王之子，又议立贝勒载濂之子，因有宗室二人，坚持不允，大臣亦有以为言者。故不敢明目张胆以行之，然杖杀太监之事，日有所闻。又九月初二日皇上在瀛台微行，已至某门，经太监苏拉等跪阻，仍还瀛台。次日西后命将瀛台之板桥拆去，向来皇上用御膳，除例备一席外，另有西后赐皇上一席，皇上每日向食西后所赐之一席。盖例席实皆腐冷之品，不能入口也。至是西后命将赐席裁撤，而例备之一席菜蔬品数，亦命递减云。

　　法国医士入诊后，其详细情形，外间传言不一，而最可诧骇者则某西报载述法医之言，谓皇上每日饮食中，皆杂有硝粉，故病日增云云。此虽未知确否，然以意揣之，实不能谓其必无。盖废立与毒杀，皆恐动天下之清议，故不如为无形之毒杀也。阳历十月某日，日本时事新报载有北京特派员来书，述废立情形，最能窥见满洲党人之用心。今照录如下：

　　太后欲九月八九日废立皇上，预约庆、端二亲王率神机营之兵入宫，发西太后之诏而举事，而卒不见诸实事者，亦有故也。废立之谋，自摄政时已定计画，非猝然而起也，自摄政以来，悉废皇上之新政，帝党或刑或放，或革帝之爱妃，亦剥夺其首饰，以今之天时，犹穿单衣。此皆以禁制皇上之自由，而使毫无生趣者也。今传闻政变以来，宫人咸怀匕首，潜迹宫中，不幸发觉，竟被斩戮者甚多。故太后深忧之，满洲人之意，以为太后既老，皇上方壮，若太后一旦死，恐皇上复政，不利于己。故不如及太后在时，绝其根也。然彼辈之所恐者，一日废立，国人必有兴师问罪，而外国亦必责问之，故尚犹豫。虽然，亦不足为皇上幸也。今托词皇上有疾，召集名医，而观九月三日之病论，则可为深虑焉。盖彼辈之意，以为废病危之帝，而招天下物议，不如俟其自死。今惟设法速其死而已。故皇上今有大病，而求米粥则不得，求鸡丝则不得，凡所求食，皆诡词拒

之。故伤其意，而太后置若罔闻，惟数日一招优伶入
宫，临观取乐而已。或曰已召濂贝勒之第三子于宫中将
立之云。

按以上所论，最得北京宫廷之情实矣。以庆、端二王为
后所最亲信也。然其所谓废立之谋，自摄政时已定，犹未为
深悉情形，盖废立之谋，实定于四月二十七日，非深入局中
之人不能知也。帝之爱妃，至今日犹仅穿单衣，与虐待澍贝
勒之情形，真同出一辙。而于皇上之病，求米粥不与，求鸡
丝不与，则与往者逼死毅后之事又全同矣。

第四章　论此次乃废立而非训政

或问曰：今次之政变，不过垂帘训政而已。废立之说，
虽道路纷传，然未见诸实事，今子乃指之为废立，得无失实
乎？答之曰：君之所以为君者何在乎？为其有君天下之权耳。
既篡君权，岂得复谓之有君，夫历代史传载母后乱政之事，
垂以为戒者，既不一而足矣，然历代母后垂帘，皆因嗣君幼
冲，暂时临摄，若夫已有长君，而犹复专政者，则惟唐之武
后而已。卒乃易唐为周，几覆宗社。今日之事，正其类也。
皇上即位既二十四年，圣龄已二十九岁矣。临御宇内，未闻
有失德，勤于政事，早朝晏罢。数月以来，乾断睿照，纲举
目张，岂同褓褓之子，犹有童心者。而忽然有待于训政何哉？
且贼臣之设计固甚巧矣，废立之显而骤者，天下之人皆得诛
其罪，废立之隐而渐者，天下之人皆将受其愚，今夫瀛台屏

居，内竖监守，撤出入之板桥，减御膳之品物，起居饮食，不能自由。如此，则与囚虏何异？既已囚虏矣，而犹告天下曰，吾非废立也，天下之人，亦从而信之。呜呼！何天下之人之易愚弄也。

或又问曰：子言诚然矣，然读八月初六日上谕，则西后之垂帘，实为皇上所恳请。天下之人，虽欲讨贼问罪而无辞也。答之曰：子不读汉献帝禅位曹丕之诏乎？献帝屡禅，曹丕屡让，若有大不得已者然。自此以往，历代篡弑者，皆循兹轨。然则可谓曹丕之践祚，实由汉献之恳请乎？呜呼！为此说者，非大愚即大悖耳。

第三篇　政变前纪

第一章　政变之总原因

政变之总原因有二大端：其一由西后与皇上积不相能，久蓄废立之志也。其二由顽固大臣痛恨改革也。西后之事，既详前篇。今更纪顽固党之事如下：

去年湖南巡抚陈宝箴，拟在湖南内河行小轮船。湖广总督张之洞不许，曰："中国十八省惟湖南无外国人之足迹，今一行小轮船，则外人将接踵而至矣。"陈诘张曰："我虽不行小轮，宁能禁外人之不来乎？"张曰："虽然，但其祸不可自我当之耳，若吾与君离湖南督抚之任，以后虽有事而非吾两人之责也。"于是小轮船之议卒罢。去年之冬，德人踞胶州，欧洲列国分割支那之议纷起，有湖南某君谒张之洞诘之曰："列国果实行分割之事，则公将何以自处乎？"张默然良久曰："虽分割之后，亦当有小朝廷，吾终不失为小朝廷之大臣也。"某君拂衣而去，吾今又有一言告于读此书者，若不能知中国全国二品以上大员之心事如何，则张之洞此两语其代表也。

呜呼！张公固大臣中之最贤而有闻于时者也。然其言犹若此，况其他出张公之下数等者乎。故今综全国大臣之种类而论之，可分为数种类：其一瞢然不知有所谓五洲者，告以外国之名，犹不相信，语以外患之危急，则曰此汉奸之危言悚听耳，此一种也。其二则亦知外患之可忧矣，然自顾已七八十之老翁矣，风烛残年，但求此一二年之无事，以后虽天翻地覆，而非吾身之所及见矣，此又一种也。其三以为即使吾及身而遇亡国之事，而小朝廷一日尚在，则吾之富贵一日尚在，今若改革之论一倡，则吾目前已失舞弊之凭藉。且自顾老朽为不能任新政，必见退黜，故出死力以争之，终不以他年之大害，易目前之小利也，此又一种也。呜呼！全国握持政柄之人，无一人能出此三种之外者，而改革党人乃欲奋螳臂而与之争，譬犹孤身入重围之中，四面楚歌，所遇皆敌，而欲其无败衄也得乎？

第二章　政变之分原因

政变之分原因多矣，今择其稍重大者条列之。

一、戊戌三月，康有为、李盛铎等同谋开演说恳亲之会于北京，大集朝士及公车数百人，名其会曰保国。后李盛铎受荣禄之戒，乃除名不与会。已而京师大哗，谓开此会为大

逆不道，于是李盛铎上奏劾会，御史潘庆澜、黄桂继之，皇上概不问，而谣诼之起，遍于全都。

二、同月梁启超等联合举人百余人，连署上书，请废八股取士之制，书达于都察院，都察院不代奏，达于总理衙门，总理衙门不代奏。当时会试举人集辇毂下者将及万人，皆与八股性命相依，闻启超等此举，嫉之如不共戴天之仇，遍播谣言，几被殴击。

三、先是，湖南巡抚陈宝箴，湖南按察使黄遵宪，湖南学政江标、徐仁铸，湖南时务学堂总教习梁启超，及湖南绅士熊希龄、谭嗣同、陈宝箴之子陈三立等，同在湖南大行改革，全省移风，而彼中守旧党人嫉之特甚，屡遣人至北京参劾，于是左都御史徐树铭、御史黄均隆，相继入奏严劾，皇上悉不问，而湖南旧党之焰益炽，乃至哄散南学会，殴打湘报主笔，谋毁时务学堂，积谋数月，以相倾轧。

四、于四月二十三日，皇上下诏定国是，决行改革。于是诸臣上奏，虽不敢明言改革之非，而腹诽益甚。五月初五日下诏废八股取士之制，举国守旧迁谬之人，失其安身立命之业，自是日夜相聚，阴谋与新政为敌之术矣。礼部者科举学校之总汇也，礼部尚书许应骙，百计谋阻挠废八股之事，于是御史宋伯鲁、杨深秀劾之，许应骙乃转劾康有为，皇上两不问。

五、先是，二月间，康有为上书大陈变革之方，大约以革除壅蔽，整定官制为主义，请在京城置十二局，凡局员皆选年力精壮讲习时务者为之，书既上，皇上饬下总理衙门议行，总理衙门延至五月尚未复奏，盖意在敷衍搪塞也。至四月二十三日，国是之诏既下，皇上乃促总署速议复奏。总署议奏，驳不可行。上震怒，至五月十七日，复命军机大臣与总署会议，同月二十五日议复，仍驳其不可行。上益怒，亲以朱笔书上谕命两衙门再议，有须切实议行，毋得空言搪塞之语，两衙门乃指其书中之末节无关大局者准行数条，其大端仍是驳斥。上无如之何，太息而已。夫皇上既知法之当变矣，既以康有为之言为然矣，而不能断然行之。必有藉于群臣之议者何也，盖知西后之相忌，故欲藉众议以行之，明此事之非出于皇上及康有为之私见也。而诸臣之敢于屡次抗拂上意者，亦恃西后为护符，欺皇上之无权也。当五月间大臣屡驳此书，皇上屡命再议之时，举京师谣言纷纭不可听闻，皆谓康有为欲尽废京师六部九卿衙门，彼盈廷数千醉生梦死之人，几皆欲得康之肉而食之，其实康不过言须增新衙门耳。尚未言及裁旧衙门也，而讹言已至如此，办事之难，可以概见矣。皇上病重之说，亦至此时而极盛，盖守旧者有深意焉矣。

六、皇上自四月以来，屡次所下新政之诏，交疆臣施行，而疆臣皆西后所擢用，不知有皇上，皆置诏书于不问，皇上愤极而无如之何。至六月初十日诏严责两江督臣刘坤一、两广督臣谭钟麟、直隶督臣荣禄，又将督抚中之最贤而能任事之陈宝箴，下诏褒勉。以期激发疆臣之大良，使有所劝惩，稍襄新政，不意各疆臣怨望益甚，谤讟纷起，而顽固之气，卒不少改，惟嫉视维新之臣若仇敌耳。

七、中国之淫祠，向来最盛，虚糜钱币，供养莠民，最为国家之蠹。皇上于五月间下诏书，将天下淫祠悉改为学堂。于是奸僧恶巫，咸怀咨怨，北京及各省之大寺，其僧人最有大力，厚于货贿，能通权贵，于是交通内监，行浸润之潜于西后，谓皇上已从西教，此亦激变之一小原因也。

八、至七月间候补京堂岑春煊上书请大裁冗员，皇上允其所请，特将詹事府、通政司、光禄寺、鸿胪寺、太常寺、太仆寺、大理寺，及广东、湖北、云南巡抚，河东总督、各省粮道等官裁撤，此诏一下，于是前者尸位素禄阘、冗无能、妄自尊大之人，多失其所恃，人心皇皇，更有与维新诸臣不两立之势。

九、中国之大弊，莫甚于上下壅塞，下情不能上达。至是皇上屡命小臣上书言事，长台不得阻抑。乃七月间礼部主事王照上书，请上游历外国。礼部堂官等不为代达，皇上震怒，乃将礼部尚书怀塔布等六人革职，赏王照以四品京堂，是为皇上初行赏罚之事。此诏之下，维新者无不称快。守旧者初而震恐，继而切齿，于是怀塔布、立山等，率内务府人员数十人环跪于西后前。痛哭而诉皇上之无道，又相率往天津就谋于荣禄。而废立之议即定于此时矣。皇上于二品以上大员，无进退黜陟之权，彼军机大臣及各省督抚等屡抗旨，上愤极而不能黜之。此次乃仅择礼部闲曹紧要之人，一试其黜陟，而大变已至矣，皇上无权，可胜慨哉。

十、皇上至是时亦知守旧大臣与己不两立，有不顾利害，誓死以殉社稷之意，于是益放手办事，乃特擢杨锐、林旭、刘光第、谭嗣同四人，参预新政。参预新政者，犹唐之参知政事，实宰相之任也，命下之日，皇上赐四人以一密谕，用黄匣亲缄之，盖命四人尽心辅翼新政，无得瞻顾也。自是凡有章奏，皆经四人阅览，凡有上谕，皆由四人拟稿，军机大臣侧目而视矣。

十一、自礼部堂官革职以后，今天下士民始得上封奏，于是士气大伸，民隐尽达，维新之士，争出其所怀以闻于朝廷。刑部主事张元济，有请除满汉界限，废科举，去拜跪，设议院之事。工部主事李岳瑞，亦请去拜跪，用客卿，大裁冗员翰林衙门等，嘉谟入告，纷纶辐辏，而守旧大臣，日日阴谋，亦复无所惮忌。

十二、上既广采群议，图治之心益切，至七月二十八日，决意欲开懋勤殿选集通国英才数十人，并延聘东西各国政治专家，共议制度，将一切应兴应革之事，全盘筹算，定一详细规则。然后施行，犹恐西后不允兹议，乃命谭嗣同查考雍正、乾隆、嘉庆三朝开懋勤殿故事，拟一上谕，将持至颐和园，禀命西后，即见施行，乃越日而变局已显，衣带密诏旋下矣。

十三、七月二十九日皇上召见杨锐，赐以密谕，有朕位几不能保之语，令其设法救护，乃谕康有为及杨锐等四人之谕也。当时诸人奉诏涕泣，然意上位危险，谅其事发在九月阅兵时耳。于时袁世凯召见入京，亦共以密诏示之，冀其于阅兵时设法保护，而卒以此败事。

附记保国会事

论政变之起，保国会实为最大之一原因焉，今详记其事于下：

自胶州旅顺既割，京师人人震恐，惧分割之即至，然惟作楚囚相对，束手待亡耳。于是康有为既上书求变法于上，复思开会振士气于下，于是与□□□等开粤学会，与杨锐等开蜀学会，与林旭等开闽学会，与杨深秀□□□等开陕学会，京师士夫，颇相应和，于时会试期近，公车云集，御史李盛铎乃就康谋，欲集各省公车开一大会，康然之，是为保国会议之初起，康复欲集京官之有志者，李不谓然，后卒从康议。于三月二十七日，在粤东会馆第一集，到会者二百余人，时会中公推康及李及□□□□□□等演说，而李以事后至，是日公拟保国章程三十条，今录于下：

一、本会以国地日割，国权日削，国民日困，思维持振救之，故开斯会以冀保全。名为保国会。二、本会遵奉光绪二十一年闰五月二十七日上谕，卧薪尝胆，惩前毖后，以图保全国地、国民、国教。三、为保国家之政权、土地。四、为保人民种类之自立。五、为保圣教之不失。六、为讲内治变法之宜。七、为讲外交之故。八、为仰体朝旨，讲求经济之学，以助有司之治。九、本会同志，讲求保国、保种、保教之事，以为论议宗旨。十、凡来会者，激厉愤发，刻念国耻，无失本会宗旨。十一、自京师上海设保国总会，各省各府各县皆设分会，以地名冠之。十二、会中公选总理若干人，值理若干人，常议员若干人，备议员若干人，董事若干人，以同会中人多推荐者为之。十三、常议员公议会中事。十四、总理以议员多寡，决定事件推行。十五、董事管会中杂事，凡入会之事，及文书会计一切诸事。

十六、各分会每年于春秋二八月将各地方入会名籍寄总会。十七、各地方会议员，随其地情形，置分理议员约七人。十八、董事每月将会中所收捐款登报。十九、各局将入会之姓名籍贯、住址、职业、随时登记，各分局同。二十、欲入会者须会中人介之，告总理值理，察其合者，予以入会凭票。二十一、入会者若心术品行不端，有污会事者，会众除名。二十二、如有意见不同，准其出会，惟不许假冒本会名滋事。二十三、入会者人捐银二两，以备会中办事诸费。二十四、会期有大会常会临时会之分。二十五、来会者不论名位学业，但有志讲求，概予延纳，德业相劝，过失相规，患难相恤，务推蓝田乡约之义，庶自保其教。二十六、捐助之款，写明姓名爵里，交本会给发收条为据。本会将姓名爵里学业寄寓，按照联票号数汇编存记，联票皆有总值理及董事图章。二十七、来会之人，必求品行、心术端正明白者，方可延入，本会中应办之事，大众随时献替，留备采择，倘别存意见，或诞妄挟私，及逞奇立异者，恐其有碍，即由总理值理董事诸友，公议辞退，如有不以为然者，到本会申明，捐银照例充公，去留均听其便。二十八、商董兼司帐，须习知贸易书籍情形及刷印文字者充其选，必须考查确实，一秉至公，倘涉营私舞弊，照例责赔，经手之董事会友凡预有保荐之力者，亦须一律罚。二十九、本会用项，概由值董核发，如有巨款在千数百金以上者，须齐集公议，方准开支，收有成数，择殷实商号存储，立折支取，如存数渐多，亦可议生利息，发票之期，按几日为限，由值董眼同经理。三十、总理董事，均仗义创办，不议薪资，将来局款大盛，须专请人办理，始议薪水，惟撰报、管书、管器、司事、教习、游历、司帐，酌量给予薪水。

　　盖自明世徐华亭集士大夫数千人，讲学于灵济宫，至今三百年，未有聚大众于辇毂为大会者，此会实继之。守旧之士，颇骇其非常，再会于崧云草堂，三会于贵州馆，来会者尚过百人，谤议渐风起，多有因强学前辙，以祸患来告者，康有为不慑也。先是江西人主事洪嘉与者，桀黠守旧有气，久于京师，能立党与，经胶变后，闻康名来，三谒不遇，阍人忘其居，未答拜。是时公车云集，各省士夫来见，客日数十，应接不暇，多不能答拜者，洪大恨，乃餂浙人孙灏曰，某公恶康，若能大攻之，当为荐经济特科，孙故无赖，乃大喜。洪乃为著一书驳保国会，遍印送京师贵人，守旧大臣皆喜信其说，满人无远识，不知外事，展转传闻，一唱百和。于是谤议大兴，时保滇会保浙会并起，洪嘉与又耸御史黄桂鋆劾之，并及保国会，李盛铎恐被祸，乃上疏劾会，以求自免，皇上置不问，御史潘庆澜继劾之，军机大臣刚毅将查究会中人，皇上曰："会能保国，岂不大善。何可查究耶？"事遂止。五月礼部尚书许应骙劾之，御史文悌复上长折纠劾康有为，其说尤诬而厉，谓保国会之宗旨在保中国不保大清，此折实后来兴大狱之张本也。至八月政变后，伪上谕中遂引此语为康之罪名，而杨深秀、杨锐、林旭、刘光第，皆以保国会员获罪被戮。盖文悌之语，深入满人之心也。夫人虽至愚，亦何至合宗室满汉之数百士大夫于京师，而公然作叛逆之词。以不保大清告大众者，保国会之章程，既载于上，其中无不保大清之语意，人人共见矣。今复将康有为所演说者录于下：

吾中国四万万人，无贵无贱，当今日在覆屋之下，漏舟之中，薪火之上，如笼中之鸟，釜底之鱼，牢中之囚，为奴隶，为牛马，为犬羊，听人驱使，听人割宰。此四千年中二十朝未有之奇变，加以圣教式微，种族沦亡，奇惨大痛，真有不能言者也。吾中国自古为大一统国，环列皆小国，若缅甸、朝鲜、安南、琉球之类，吾皆鞭棰使之，其自大也久矣。故在国初时，视英、法各国皆若南洋小岛，虽以纪文达校订四库，赵瓯北札记二十二史，阮文达为文学大宗，皆博极群书，而纪文达谓艾儒略职方外纪，南怀仁坤舆图说，如中土瑶台阆苑，大抵寄托之辞。赵瓯北谓俄罗斯北有准噶尔大国，以铜为城，二百方里。阮文达《畴人传》不信对足抵行，今人环游地球，座中诸公有踏遍者。吾粤贩商估客，亦视为寻常，而乾嘉时博学如诸公，尚未之知。至道光十二年，英人轮舟初成，横行四海，以轮船二艘犯广州，两广部督卢敏肃，以三千师船二万兵御之而败，卢公曾平猛匪赵金陇者，宣宗成皇帝诏谓卢坤昔平赵金陇曾著微劳，不料今日无用至此。卢敏肃虽言洋船极大而既无影镜灯片，宣宗无从见之，无能自白也。暨道光二十年，林文忠始译洋报，为讲求外国情形之始，败于定海舟山，裕谦、牛鉴、刘韵珂继败，舰入长江，而炮震天津，乃开五口，宣宗乃知洋人之强在船坚炮利，命

戊戌政变记

仿制之，西人如何，实未知也。道光二十九年，咸丰六年、八年、十年，屡战屡败，输数千万。开十一口，乃至破京师，文宗狩热河，洋使入住京师，亦可谓非常之变矣，然而士大夫以犬羊视之，深闭固拒。同治三年斌椿遍游各国，等于游戏，无稍讲求之者。曾文正与洋人共事，乃始少知其故，开制造局译书，置同文馆、方言馆、招商局。文文忠乃遣美人蒲安臣与志刚孙嘉谷出使各国，首用洋人，如古之安史那、金日磾，实为绝异之事。当时欲遣京官五品以下正途、翰林六曹出身入同文馆读书，最为通达，而倭文端限之，自是虽轺车岁出，而士大夫深恶外人，蔽拒如故。甲申之役，张南关之功，日益骄满。鄙人当时考求时局，以为俄窥东三省，日本讲求新治，骤强示威，必取朝鲜，曾上书请及时变法自强，而当时天下皆以为狂。壬辰年傅兰雅译书事略。言上海制造局译出西书，售去者仅一万三百余部，中国四万万人，而讲书者乃只有此数，则天下士讲求中外之学者，能有几人？可想见矣，非经甲午之役割台偿款，创巨痛深，未有肯翻然而改者，至此天下志士，乃知渐渐讲求，自强学会首倡之，遂有官书局、《时务报》之继起，于是海内缤纷，争言新法，自此举始也。然甲午之后，仍不变法，间有一二，徒为具文，即如海军、电线、铁路、船局、船厂，间有一二，然变其甲不变其乙，变其一不变其二。牵连相累，必至无成，其他且勿论。即如被创之后，而兵未曾增练，铁舰不再购一艘，吾绿营兵六十余万，八旗兵三十余万，实皆老弱，且各有业，托名伍籍中。泰西以民为兵，吾则以兵为民，何以敌之？若夫泰西立国之有本末，重学校，讲保民、养民、教民之道，议院以通下情，君不甚贵，民不甚贱，制器利用以前民，皆与吾经义相合。故其致强也有由，吾兵农学校皆不修，民生无保养教之之道，上下不通，贵贱隔绝者，皆与吾经义相反，故宜其弱也。故遂复有胶州之事，四十日之间，要挟逼迫者二十事。一德之强租胶州，人所共知也。其二则英欲借我款三厘息，而俄不许矣。其三欲开大连湾通商，俄不许矣。其四欲开南宁通商，俄不许矣。其五借英款不成，而内河全许驶行轮船矣。其六西贡烧教堂，法索我偿款十万矣。其七姚协赞调补山东道，德人限二十四点钟撤去矣。其八津镇铁路过山东，三电德廷，德不许矣。其九改道过河南，德亦不许，后请英、美使言之乃许矣。其十聂军请俄教习，而订明不归统领节制矣。其十一俄教习去留，须候俄廷旨矣。其十二俄人勒逐德教习四人矣。其十三直隶、山西、东三省练兵，必须请俄教习矣。其十四长江左右厘金，尽归税务司矣。其十五德人既得胶州百里，复索增广矣。其十六既得增广，又索铁路矣。其十七既得铁路，又索全省矣。其十八既得铁路，又索全省商务矣。其十九俄人要割旅顺、大连湾、金州矣。其二十法人索广州湾，又订两广、云贵不得让与他国矣。此皆今年二月以前之事，其此后英之索威海，日本之订福建不得让与别国等事，尚未及计也。夫筑路待商之德廷，道员听其留逐，是皇上之权已失。贾谊所谓何忍以帝王尊号为戎人诸侯，二月以来，失地失权之事，已二十见，来日方长，何以卒岁。缅甸、安南、印度、波兰，吾将为其续矣。观分波兰事，胁其国主，辱其贵臣，荼毒缙绅，真可为吾之前车哉。必然之事，安能侥幸而免乎？印度之被灭，无作第六等以上人者。自乾隆三十六年，至光绪二年，百余年始有议员二人，香港隶英人，至今尚无科第。人以买办为至荣，英人之窭贫者皆可为大班，吾华人百万之富，道府之衔，红蓝之顶，乃多为其一洋行之买办，立侍其侧，仰视颜色，呜呼哀哉！及今不自强，恐吾四万万人，他日之至荣者不过如此也。元人始来中国，尝废科举矣，其视安南之进士，抱布贸丝，有以异乎。故我士大夫设想他日，真有不可言者，即有无耻之辈，发愤作贰臣，前朝所极不齿者。而西人必不用中人，以西人之官必有专门，非专学不能承乏也。若使吴梅村在，他日将并一教官不能得，安敢望祭酒哉？即欲如熊开元作僧，而西教专毁像教，佛像佛殿，将无可存？僧于何依，即欲蹈东海而死。吾中国无海军，即无海境，此亦非我干净土矣。做贰臣不得，做僧不得，死而蹈东海不得，吾四万万之人，吾万千之士大夫，将何依何归何去何从乎？故今日当如大败之余，人自为战，救亡之法无他，只有发愤而已。穷途单路，更无歧趋。韩信背水之军，项羽沉舟之战，人人怀此心，只此或有救法耳。然割地失权之事，既忌讳秘密，国家又无法入师丹之油画院，绘败图以激人心。薄海臣民，多有不知者，或依然太平歌舞，晏然无事，尚纷纷求富贵求保举，或乃日暮途远，倒行而逆施之。孟子曰："国必自伐，然后人伐之。"故割地失权之事，非洋人之来割胁也，亦不敢责在上者之为也，实吾辈甘为之卖地，甘为之输权，若使吾四万万人皆发愤，洋人岂敢正视乎？而乃安然耽乐，从容谈笑，不自奋厉，非吾辈自卖地而何？故鄙人不责在上而责在下，而责我辈士大夫，责我辈士大夫义愤不振之心，故今日人人有亡天下之责，人人有救天下之权者。考日本昔为英美所凌，其弱与我同，今何以能取我台湾，灭琉球，而制朝鲜，得我偿款二万万。此日本之兵强为之耶？非也。其相伊藤，其将大山为之耶？非也。尝推考如此大事，乃一布衣高山正芝之所为，高山正芝哀国之衰不能变法。愤大将军之擅政，终日在东京痛哭于通衢，见人辄哭，终以哭死。于是西乡、吉田、藤田、蒲生秀实之流，出而言尊攘，大久保利通、岩仓具视、木户孝允、板桓退助、三条实美、大隈重信，出而谈变法，日本乃盛强。至明治以后，日人赏维新之功，乃赠高山正芝四品卿，赐男爵，凡物作始也简，将毕也巨。呜呼！谁知日本之治，盛强之效，乃由一诸生无权无勇无智无术而成之耶。盖万物之牛，皆由热力，有热点故生诸天，有热点故生太阳，太阳热之至者，去我不知几百万亿里，而一尺之地，热可九十四马力。故能生地，能生万物，被其光热者，莫不发生，地有热力，满腹皆热汁火汁，故能运转不息，医者视人寿之长短，察其命门火之衰旺，火衰则将死，至哉言乎。故凡物热则生，热则荣，热则涨，热则运动。故不热则冷，冷则缩，则枯，则干，则夭死，自然之理也。今吾中国以无动为大，无一事能举，民穷财尽，兵弱士愚，好言安靖而恶兴作，日日割地削权，命门火衰矣。冷矣，枯矣，缩矣，干矣，将危矣。救之之道，惟增心之热力而已。凡能办大事复大仇成大业者，皆有热力为之，其心力弱者，热力减故也。胡文忠谓今日最难得者是忠肝热血人。范蔚宗谓桓灵百余年倾而未颠，危而未坠者，皆由仁人君子心力之为，凡古称烈士、志士、义士、仁人，皆热血人也。视其热多少以为成就之大小。若热如萤火如灯则微矣，并此而无之，则死矣。若如一大火团，至百二十度之沸度，则无不灼矣。若如日之热，则无所不照，无所不烧，热力愈大，涨力愈大，吸力愈多，生物愈荣，长物愈大，故今日之会，欲救亡无他法，但激励其心力，增长其心力，念兹在兹，则烟火之微，自足以争光日月，基于滥觞，流为江河，果能合四万万人。人人热愤，则无不可为者，奚患于不能救。

　　此演说之语，乃当时会中人傍听笔记，登纪于天津《国闻报》中者，后各报亦展转登之，人人共见，其中之语岂有一字一句含不保大清之意者，而文悌乃深文罗织而言之，众人亦吠影吠声而信之，非天下可怜可愤之事耶？

　　开此会之意，欲令天下人咸发愤国耻，因公车诸士而摩厉之，俾还而激厉其乡人，以效日本维新志士之所为，则一举而十八行省之人心皆兴起矣。当时集者朝官自二品以下，以至言路词馆部曹，及公车数百人，楼上下座皆满，康有为演说时，声气激昂，座中人有为之下泪者，虽旋经解散，而各省志士纷纷续起，自是风气益大开，士心亦加振厉，不可抑遏矣。

第三章　政变原因答客难

语曰：忠臣去国，不洁其名。大丈夫以身许国，不能行其志，乃至一败涂地，漂流他乡，则惟当缄口结舌，一任世人之戮辱之、嬉笑之、唾骂之，斯亦已矣。而犹复哓哓焉欲以自白，是岂大丈夫所为哉。虽然，事有关于君父之生命，关于全国之国论者，是固不可以默默也。

论者曰：中国之当改革不待言矣，然此次之改革，得无操之过蹙，失于急激以自贻蹉跌之忧乎？辨曰：中国之言改革，三十年于兹矣。然而不见改革之效，而徒增其弊何也？凡改革之事，必除旧与布新两者之用力相等，然后可有效也。苟不务除旧而言布新，其势必将旧政之积弊，悉移而纳于新政之中，而新政反增其害矣。如病者然，其积痞方横塞于胸腹之间，必一面进以泻利之剂，以去其积块，一面进以温补之剂，以培其元气，庶能奏功也。若不攻其病，而日饵之以参苓，则参苓即可为增病之媒，而其人之死当益速矣。我中国自同治后所谓变法者，若练兵也，开矿也，通商也，交涉之有总署使馆也，教育之有同文、方言馆及各中国学堂也，皆畴昔之人所谓改革者也。夫以练兵论之，将帅不由学校而出，能知兵乎？选兵无度，任意招募，半属流丐，体之羸壮

戊戌政变记

所不知，识字与否所不计，能用命乎？将俸极薄，兵饷极微，武阶极贱，士人以从军为耻，而无赖者乃承其乏，能洁己效死乎？图学不兴，厄塞不知，能制胜乎？船械不能自制，仰自他人，能如志乎？海军不游弋他国，将帅不习风涛，一旦临敌，能有功乎？警察不设，户籍无稽，所练之兵，日有逃亡，能为用乎？如是则练兵如不练，且也用洋将统带训练者，则授权于洋人，国家岁费巨帑，为他人养兵以自噬，其用士将者，则如董福祥之类，藉众闹事，损辱国体，动招边衅。否则骚扰闾阎而已，不能防国，但能累民。又购船置械于外国，则官商之经手者，藉以中饱自肥，费重金而得窳物，如是则练兵反不如不练。以开矿论之，矿务学堂不兴，矿师乏绝，重金延聘西人，尚不可信，能尽地利乎？械器不备，化分不精，能无弃材乎？道路不通，从矿地运至海口，其运费视原价或至数倍，能有利乎。如是则开矿如不开，且也西人承揽，各国要挟，地利尽失，畀之他人。否则奸商胡闹，贪官串弊，各省矿局，只为候补人员领干修之用。（中国旧例，官绅之不办事而借空名以领俸者，谓之干修，凡各省之某某局总办，某某局提调者，无不皆是也。）徒糜国帑，如是则开矿反不如不开。以通商论之，计学（即日本所称经济财政诸学）不讲，罔明商政之理，能保富乎？工艺不兴，制造不讲，土货销场，寥寥无几，能争利乎？道路梗塞，运费笨重，能广销乎？厘卡满地，抑勒逗留，脧膏削脂，有如虎狼，能劝商乎？领事不察外国商务，国家不获护寓商民，能自立乎？如是则通商如不通。且也外品日输入，内币日输出，池枯鱼竭，民无噍类。如是则通商反不如不通，以交涉论之，总理衙门老翁十数人，日坐堂皇，并外国之名且不知，无论国际，并己国条约且未寓目，无论公法，各国公使领事等官，皆由奔竞而得，一无学识。公使除呈递国书之外无他事，领事随员等除游观饮食之外无他业，又何取于此辈之坐食乎？如是则有外交官如无外交官。且使馆等人在外国者，或狎邪无赖，或鄙吝无耻，自执贱业，污秽难堪，贻笑外人，损辱国体，其领事等非惟不能保护己商，且从而凌压之，如是则有外交官反不如无外交官。以教育论之，但教方言以供翻译，不授政治之科，不修学艺之术，能养人材乎？科举不变，荣途不出，士夫之家，聪颖子弟皆以入学为耻，能得高才乎？如是则有学堂如无学堂。且也学堂之中，不事德育，不讲爱国，故堂中生徒，但染欧西下等人之恶风，不复知有本国，贤者则为洋佣以求衣食，不肖者且为汉奸以倾国基，如是则有学堂反不如无学堂。凡此之类，随举数端，其有弊无效固已如是，自余各端亦莫不如是。则前此之所谓改革者，所谓温和主义者，其成效固已可睹矣。夫此诸事者，则三十年来名臣曾国藩、文祥、沈葆桢、李鸿章、张之洞之徒，所竭力而始成之者也，然其效乃若此，然则不变其本，不易其俗，不定其规模，不筹其全局，而依然若前此之支支节节以变之，则虽使各省得许多督抚皆若李鸿章、张之洞之才之识，又假以十年无事，听之使若李鸿章、张之洞之所为，则于中国之弱之亡能稍有救乎？吾知其必不能也。何也？盖国家之所赖以成立者，其质甚繁，故政治之体段亦甚复杂，枝节之中有根干焉，根干之中又有总根干焉，互为原因，互为结果。故言变法者将欲变甲，必先变乙，及其变乙，又当先变丙，如是相引，以至无穷。而要之非全体并举，合力齐作，则必不能有功，而徒增其弊。譬之有千岁老屋，瓦墁毁坏，榱栋崩折，将就倾圮，而室中之人，乃或酣嬉鼾卧，漠然无所闻见，或则补苴罅漏，弥缝蚁穴，以冀支持。斯二者用心虽不同，要之风雨一至，则屋必倾而人必同归死亡一也。夫酣嬉鼾卧者，则满洲党人是也。补苴弥缝者，则李鸿章、张之洞之流是也。谚所谓室漏而补之，愈补则愈漏，衣敝而结之，愈结则愈破。其势固非别构新厦，别出新制，乌乎可哉。若如世之所谓温和改革者，宜莫如李、张矣，不见李鸿章训练之海军洋操，所设之水师学堂医学堂乎？不见张之洞所设之实学馆、自强学堂、铁政局、自强军乎？李以三十年之所变者若此，张以十五年所变者若此。然则再假以五十年使如李、张者，出其温和之手段，以从容布置，到光绪四十年，亦不过多得此等学堂洋操数个而已。一旦有事，则亦不过如甲午之役，望风而溃。于国之亡能稍有救乎？既不能救亡，则与不改革何以异乎？夫以李、张之才如彼，李、张之望如彼，李、张之见信任负大权如彼，李、张之遇无事之时，从容十余年之布置如彼，其所谓改革者乃仅如此，况于中朝守旧庸耄盈廷，以资格任大官，以贿赂得美差，大臣之中安所多得如李、张之才者，而外患之迫月异而岁不同，又安所更得十余年之从容岁月者，然则舍束手待亡之外，无他计也。不知所谓温和主义者，何以待之，抑世之所谓急激者，岂不以疑惧交乘，怨谤云起，为改革党人所自致乎？语曰：非常之原，黎民惧焉。又曰：凡民可以乐成，难以虑始，从古已然。况今日中国之官之士之民，智识未开，懵然不知有天下之事，其见改革而惊讶，固所当然也。彼李鸿章前者所办之事，乃西人皮毛之皮毛而已，犹且以此负天下之重谤，况官位远在李鸿章之下，而所欲改革之事，其重大又过于李鸿章所办者数倍乎？夫不除弊而不能布新，前既言之矣。而除旧弊之一事，最易犯众忌而触众怒，故全躯保位惜名之人，每不肯为之，今且勿论他事，即如八股取士锢塞人才之弊，李鸿章、张之洞何尝不知之，何尝不痛心疾首而恶之。张之洞且尝与余言，言废八股为变法第一事矣。而不闻其上折请废之者，盖恐触数百翰林、数千进士、数万举人、数十万秀才、数百万童生之怒，惧其合力以谤己而排挤己也。今夫所谓爱国之士，苟其事有利于国者，则虽败己之身，裂己之名，犹当为之。今既自谓爱国矣，又复爱身焉，又复爱名焉，及至三者不可得兼，则舍国而爱身名，至二者不可得兼，又将舍名而爱身，吾见世之所谓温和者，如斯而已，如斯而已。吉田松阴曰："观望持重，号称正义者，比比皆然。最为最大下策。何如轻快捷速，打破局面，然后除占地布石之为愈乎？"呜呼！世之所谓温和者，其不见绝于松阴先生者希耳。即以日本论之，幕末藩士，何一非急激之徒，松阴南洲，尤急激之巨魁也，试问非有此急激者，而日本能维新乎？当积弊疲玩之既久，不有雷霆万钧霹雳手段，何能唤起而振救之。日本且然，况今日我中国之积弊更深于日本幕末之际，而外患内忧之亟，视日本尤剧百倍乎。今之所谓温和主义者，犹欲以维新之业，望之于井伊安藤诸阁老也，故康先生之上皇帝书曰："守旧不可，必当变法，缓变不可，必当速变，小变不可，必当全变。"又曰："变事而不变法，变法而不变人，则与不变同耳。"故先

戊戌政变记

生所条陈章奏，统筹全局者，凡六七上，其大端在请誓太庙以戒群臣，开制度局以定规模，设十二局以治新政，立民政局以地方自治，其他如迁都兴学，更税法，裁厘金，改律例，重俸禄，遣游历，派游学，设警察，练乡兵，选将帅，设参谋部，大营海军，经营西藏、新疆等事，皆主齐力并举，不能支支节节而为之。而我皇上亦深知此意，徒以无权不能遽行，故屡将先生之折交军机总署会议，严责其无得空言搪塞。盖以见制西后，故欲借群臣之议以定之也。无如下有老耄守旧之大臣，屡经严责而不恤，上有揽权猜忌之西后，一切请命而不行，故皇上与康先生之所欲改革者，百分未得其一焉，使不然者，则此三月之中，旧弊当已尽革，新政当已尽行，制度局之规模当已大备，十二局之条理当已毕详，律例当已收，巨饷当已筹，警察当已设，民兵当已练，南部当已迁都，参谋部当已立。端绪略举，而天下肃然向风矣，今以无权之故，一切所为，非其本意，皇上与康先生方且日日自疚其温和之已甚，而世人乃以急激责之，何其相反乎？嗟乎，局中人曲折困难之苦衷，非局外人所能知也久矣。以谭嗣同之忠勇明达，当其初被征入都，语以皇上无权之事，犹不深信，及七月二十七日皇上欲开懋勤殿，设顾问官，命谭查历朝圣训之成案，将据以请于西后，至是谭乃恍然于皇上之苦衷，而知数月以来改革之事，未足以满皇上之愿也。谭嗣同且如此，况于其他哉。夫以皇上与康先生处至难之境，而苦衷不为天下所共谅，庸何伤焉，而特恐此后我国民不审大局，徒论成败，而曰是急激之咎也，是急激之鉴也，因相率以为戒，相率一事不办，束手待亡，而自以为温和焉。其上者则率于补漏室，结鹑衣，枝枝节节，畏首畏尾，而自以为温和焉，而我国终无振起之时，而我国四万万同胞之为奴隶，终莫可救矣。是乃所大忧也，故不可以不辩者一也。

第四篇　政变正记

第一章　推翻新政

八月十一日，复置皇上所裁汰之詹事府等衙门及各省冗员。

按：詹事府等衙门，及各省冗员，皆无事可办。任其职者，皆养尊处优，素餐尸位，朘民之脂膏，以养此无谓之闲人，正如久患痈疽，全体皆含脓血，皇上必汰除之者，以非如此则不能办事也。而一切复置，实为养痈之弊政。

同日禁止士民上书。

按：中国之大患，在内外蔽塞，上下隔绝，皇上许士民上书，乃明目达聪之盛举也。而今禁之，务以抑塞为主义也。

同日废官报局。

戊戌政变记

同日停止各省府州县设立中学校、小学校。

按：中国之大患，在教育不兴，人才不足，皇上政策首注意于学校教育之事，可谓得其本矣。中国地广人众，非各省府州县遍设学校，不能广造人才。今一切停止，盖不啻秦始皇愚民之政策也。

八月二十四日复八股取士之制。

按：八股取士，为中国锢蔽文明之一大根源。行之千年，使学者坠聪塞明，不识古今，不知五洲，其弊皆由于此。顾炎武谓其祸更甚于焚书坑儒，洵不诬也。今以数千年之弊俗，皇上之神力，仅能去之，未及数月，而遂复旧观，是使四百兆人民永陷于黑暗地狱而不复能拔也。

同日，罢经济特科。

按：经济特科之设，在今年正月初六日，实戊戌新政之原点也。分内政、外交、兵学、工学、理财、格致六门，以实学试士，振起教育之精神，实始于此，顽固大臣等恶实学如仇，故罢之也。

同日，废农工商总局。

同日，命各督抚查禁全国报馆，严拿报馆主笔。

八月二十六日，禁立会社拿办会员。

按：中国近两年来风气骤开，颇赖学会之力，自光绪二十一年强学会开设后，继之者则有湖北之质学会，广西之圣学会，湖南之南学会、地图公会、明达学会，广东之粤学会、群学会，苏州之苏学会，上海之不缠足会、农学会、医学会、译书会、蒙学会，北京之知耻会，经济学会，陕西之味经学会，其余小会尚不计其数。盖合众人之力以研究实学，实中国开明之一大机键也。今一律访拿会员，于是各省有志之士，几于无一能免者矣。

□月□日，废漕运改折之议。

按：漕运一事，徒在运南粮以供北方之食，轮船既通，一商贾之力办之而有余，而国家设官数百人，岁縻千余万，积弊之极，未有过是者，苟裁此全部之官而听商运，则每年岁入可增千余万。官民两利，此全国稍通时务之人所共知也。特官吏因缘此弊以营利之人太多，故竞阻挠之耳，皇上方欲毅然废之，尚未办到，而西后遽命复之。

□月□日，复前者裁撤之广东、湖北、云南三巡抚。

按：督抚同城，互相牵制，不能办事，徒縻俸藏，前人多有论之者。皇上裁撤，亦是整顿官制之一端，今亦复设之，盖务尽反皇上之所为也。

九月□日，复武试弓刀石之制。

按：八股取士，其可笑已极矣。至于武试用弓刀石，尤为可笑。实以武事为儿戏耳，皇上于今年春间罢之。而今复用之，闭塞至是，何其可怜也。

第二章　穷捕志士

汉十常侍之罪陈蕃、李膺也，宋蔡京之罪司马、韩、苏也，韩侂胄之罪朱子也，明魏忠贤之罪东林诸贤也，阮大铖之罪复社诸贤也，无不以党人之名，株连惨戮。大率其所谓党人者，贤人志士居其十之七八，而株连诸人，未必尽贤者，亦居一二焉。虽然，经穷治之后，则元气斫丧，国未有不亡者也。日本幕府之末叶，亦其前车矣。今西后训政以来，穷治维新之人，大率以结党营私四字为其罪案，举国骚扰，缇骑殆遍。今举其明见谕旨者，列其姓名于下：

李端棻　贵州省人，旧任仓场总督，于光绪二十一年，奏请设立京师大学堂，及各省学堂，专注意教育，今年又请改定律例，派人游历日本调查政务，七月皇上特擢礼部尚书，今革职遣戍新疆。

徐致靖　直隶省人，翰林院侍读学士，奏请定国是，废八股，条陈新政。七月皇上特擢署礼部右侍郎，今革职下狱永禁。

徐仁铸　致靖之子，翰林院编修，湖南学政，以实学课士，力行新政，全省移风。今革职永不叙用，上书请代父下狱。

徐仁镜　致靖之子，翰林院编修，力讲求新政，今革职，上书代父下狱。

陈宝箴　江西省人，湖南巡抚。力行新政，开湖南全省学堂，设警察署，开南学会，开矿，行内河轮船，兴全省工艺，勇猛精锐，在湖南一年有余，全省移风，皇上屡诏嘉奖，特为倚用，欲召入政府。今革职永不叙用。

陈三立　宝箴之子，吏部主事，佐其父行新政，散家养才人志士，今伪诏谓其招引奸邪，革职永不叙用，圈禁于家。

张荫桓　广东省人，户部左侍郎，总理各国事务大臣。久游西国，皇上屡问以西法新政，六月特授铁路、矿务大臣。今革职，查抄家产，遣戍新疆。

张百熙　湖南省人，内阁学士，兼礼部侍郎衔，广东学政，以实学课士，今革职留任。

王锡蕃　江苏省人，詹事府少詹事，条陈商务新政。七月皇上超擢署礼部左侍郎，今革职永不叙用。

黄遵宪　广东省人，在上海创设《时务报》，旧任湖南按察使，与陈宝箴力行新政，督理学堂，开办警察署，凡湖南一切新政，皆赖其力，皇上新擢三品卿，出使日本大臣，今免官逮捕。

文廷式　江西省人，前翰林院侍读学士，旧为皇上所信用，西后恶之特甚，于光绪二十二年二月革职，永不叙用，今拿办，逮捕家属。

王照　直隶省人，原任礼部主事，屡上新政条陈，曾请皇上出游日本，七月上超擢赏三品衔，以四品京堂候补。今革职拿办，逮捕家属，查抄家产。

江标　江苏省人，旧任翰林院编修，湖南学政，力行实学，开辟湖南全省风气，七月皇上擢超以四品京卿候补，在总理衙门章京上行走。今革职永不叙用，圈禁于家。

端方　满洲人，原任霸昌道。六月皇上新授三品卿衔，督办农工商局新政，今销衔撤差，后以他故，复升任陕西按察使。

徐建寅　江苏省人，原任直隶候补道，福建船政局总办，久游西国，通工艺之学，六月皇上授三品卿衔，督办农工商局新政，今销衔撤差。

吴懋鼎　直隶候补道，六月皇上新授三品卿衔，督办农工商局新政，今销衔撤差。

宋伯鲁　陕西省人，山东道御史，屡上奏定国是，废八股，劾奸党，言诸新政最多，今革职永不叙用，并拿问。

李岳瑞　陕西省人，工部员外郎，总理衙门章京，兼办铁路矿务事，上书请变服制，用客卿，今革职永不叙用。

张元济　浙江省人，刑部主事，总理衙门章京，兼办铁路矿务事，大学堂总办，上书请变官制，去拜跪，今革职永不叙用。

熊希龄　湖南省人，翰林院庶吉士，助陈宝箴、黄遵宪力行新政，湖南之转移风气，皆赖其力，今革职永不叙用，圈禁于家。

康有为　广东省人，工部主事，皇上擢总理各国事务衙门章京，督办官报局，今革职拿办，逮捕族属，查抄家产。

梁启超　广东省人，举人，皇上授六品衔，办理译书局，今革职拿办，逮捕族属，查抄家产。

上二十二人被拿办下狱，革职圈禁，停差逮捕家属者。

康广仁　广东省人，候补主事，康有为之胞弟，因新政株连。

杨深秀　山西省人，山东道御史，上书言定国是。废科举，译日本书，派亲王游历外国，遣学生留学日本等事，所条陈新政最多。

杨锐　四川省人，内阁侍读，七月皇上特擢四品卿衔，军机章京，参预新政。

林旭　福建省人，内阁中书，七月皇上特擢四品卿衔，军机章京，参预新政。

刘光第　四川省人，刑部主事，七月皇上特擢四品卿衔，军机章京，参预新政。

谭嗣同　湖南省人，江苏候补知府，七月皇上特擢四品卿衔，军机章京，参预新政。

以上杨林刘谭四人为军机四卿，皇上以新政托之，与康有为同奉密诏者。

上六人被戮。

宋秦桧之杀岳飞也，以莫须有三字断狱。后世读史者，犹以为千古之奇冤。夫曰莫须有，则犹有鞫狱之辞矣。明严嵩之杀杨继盛也，魏忠贤之杀杨涟、左光斗也，必在狱中桁杨榜掠，毒刑惨刻，逼使供招，罗织成罪案，然后杀之，蓄其心犹知天下之有清议，欲借此以掩人耳目也。今六烈士之就义也，于八月十二日有伪诏命刑部于十三日讯鞫，及十三日刑部诸官方到堂，坐待提讯，而已又有伪诏命毋庸讯鞫，即缚赴市曹处斩矣。夫不讯鞫而杀人，虽最野蛮之国，亦无此政体也，虽众人所唾骂之秦桧、严嵩、魏忠贤，犹不至如是之无忌惮也。盖彼恐一讯鞫，则虚构之狱，无由成谳。而改革之根株不能绝也，观其诬康有为之罪名也，初则曰酖弑皇上，继则曰结党营私，终则曰谋围颐和园，十日之间，罪名三变，信口捏造，任意指诬，究之诸人所犯何罪，则犯罪者未知之，治罪者亦未知之，旁观更无论也。九月二十二日，天津《国闻报》照录上海《新闻报》康有为论，而加以跋语，其言最为直捷切当，言人所不敢言，今照录于下，其言曰：

　　三代以前列国并处，君权不甚尊，民义不甚绝，故其时毁誉是非，犹存直道。秦汉以降，中国一家，功道罪魁，悉凭朝论，士苟得罪于廷议，则四境之内，一姓之朝，皆将无所逃命，文致罗织，何患无辞，故天下至不平而可伤心之事，莫甚于凭一家之私说，而无两造之讼直。即如康有为一狱，自八月初六日以后，中国之懿旨上谕，始则曰辩言乱政，继则曰大逆不道。凡在中国臣民，其独居深叹，抉隐表微之士，视康有为为何如人，仆固未暇深论，若相遇于稠人广众之间，抗论于广厦细旃之上，其有慷慨陈词，为康讼直者乎？夫为中国之臣民，则亦安得不尔也，上海《新闻报》于此次国事之变，记载最详，见闻亦最广，而犯难敢言，尤为各报之冠，一载康之问答，再登康之来书，与中国皇帝之密谕，其孰是孰非，孰真孰伪，固未敢据是以为断，而援两造之辞，以成千载之信狱，则东西各邦，来兹觇国者，皆将于此取资，而求其定论，则立说尤不可以不慎，然仆独不解其论康有为，乃有奏饬袁世凯调新建陆军三千人入京之说，是说也，欲成其谳，须有四证，一康之奏文，二袁之告辞，三皇帝之谕旨，四同谋杨、刘、林、谭之供状，度新闻报馆，当必有真凭的据，可以证成其词者，不然则与八月十三日上谕谋围颐和园五字，前不见来踪，后不见去影，冥冥九阍，茫茫中古，长留此不明不白一种疑案而已。经称罪人不孥，盖罚罪而及于家族，此最野蛮之政体，凡稍开化之国，必不如是也。中国自前明以来，间有此风，及本朝以宽仁为政，康熙朝特废此例，盖亦渐进文明之一端也。今兹之政变也，康有为、梁启超、王照、文廷式等，皆逮捕家属，几于族灭，乃至毁掘坟墓，掳掠妇女，行同盗贼，所过为墟，他人之族吾未深论，即以吾之乡族言之。有族中二孕妇，余至今犹未识其人者，而被掠去，堕胎而死，夫无论余之罪之未有定谳也。即使余犯寸磔之罪，与此妇人何与？乃亦横遭此惨，似此豺狼之政体，稍有人心者闻之能无发指乎？

第五篇　殉难六烈士传

康广仁传

康君名有溥，字广仁，以字行，号幼博，又号大广，南海先生同母弟也。精悍厉骜，明照锐断，见事理若区别黑白，勇于任事，洞于察机，善于观人，达于生死之故，长于治事之条理，严于律己，勇于改过。自少即绝意不事举业，以为本国之弱亡，皆由八股锢塞人才所致，故深恶痛绝之，偶一应试，辄弃去。弱冠后，尝为小吏于浙。盖君少年血气太刚，侚恍自喜，行事间或弛，逾越范围，南海先生欲裁抑之，故遣入宦场，使之游于人间最秽之域，阅历乎猥鄙奔竞险诈苟且阘冗势利之境，使之察知世俗之情伪，然后可以收敛其客

戊戌政变记

气，变化其气质，增长其识量。君为吏岁余，尝委保甲差、文闱差，阅历宦场既深，大耻之，挂冠而归。自是进德勇猛，气质大变，视前此若两人矣。君天才本卓绝，又得贤兄之教，覃精名理，故其发论往往精奇悍锐，出人意表，闻者为之咋舌变色，然按之理势，实无不切当。自弃官以后，经历更深，学识更加，每与论一事，穷其条理，料其将来，不爽累黍，故南海先生常资为谋议焉。今年春，胶州、旅顺既失，南海先生上书痛哭论国是，请改革。君曰："今日在我国而言改革，凡百政事皆第二著也，若第一著，则惟当变科举，废八股取士之制，使举国之士，咸弃其顽固谬陋之学，以讲求实用之学，则天下之人如瞽者忽开目，恍然于万国强弱之故，爱国之心自生，人才自出矣。阿兄历年所陈改革之事，皆千条万绪，彼政府之人早已望而生畏，故不能行也。今当以全副精神专注于废八股之一事，锲而不舍，或可有成。此关一破，则一切新政之根芽已立矣。"盖当时犹未深知皇上之圣明，故于改革之事，不敢多所奢望也。及南海先生既召见，乡会八股之试既废，海内志士额手为国家庆。君乃曰："士之数莫多于童生与秀才，几居全数百分之九十九焉。今但变乡会试而不变岁科试，未足以振刷此辈之心目。且乡会试期在三年以后，为期太缓。此三年中，人事靡常。今必先变童试、岁科试，立刻施行，然后可。"乃与御史宋伯鲁谋，抗疏言之，得旨俞允。于是君语南海先生曰："阿兄可以出京矣。我国改革之期，今尚未至。且千年来行愚民之政，压抑既久，人才乏绝，今全国之材，尚不足任全国之事，改革甚难有效。今科举既变，学堂既开，阿兄宜归广东、上海，卓如宜归湖南，（卓如者，余之字也。时余在湖南时务学堂为总教习，故云然。）专心教育之事，著书译书撰报，激厉士民爱国之心，养成多数实用之才，三年之后，然后可大行改革也。"时南海先生初被知遇，天眷优渥，感激君恩，不忍舍去。既而天津阅兵废立之事，渐有所闻，君复语曰："自古无主权不一之国而能成大事者。今皇上虽天睿圣，然无赏罚之权，全国大柄，皆在西后之手，而满人之猜忌如此，守旧大臣之相嫉如此，何能有成？阿兄速当出京养晦矣。"先生曰："孔子之圣，知其不可而为之；凡人见孺子将入于井，犹思援之，况全国之命乎？况君父之难乎？西后之专横，旧党之顽固，皇上非不知之，然皇上犹且舍位忘身，以救天下，我忝受知遇，义固不可引身而退也。"君复曰："阿兄虽舍身思救之，然于事必不能有益，徒一死耳。死固不足惜，但阿兄生平所志所学，欲发明公理以救全世界之众生者，他日之事业正多，责任正重，今尚非死所也。"先生曰："生死自有天命。吾十五年前经华德里筑屋之下，飞砖猝坠，掠面而下，面损流血。使彼时飞砖斜落半寸，击于脑，则死久矣。天下之境遇，皆华德里飞砖之类也。今日之事虽险，吾亦以飞砖视之，但行吾心之所安而已，他事非所计也。"自是君不复敢言出京。然南海先生每欲有所陈奏，有所兴革，君必劝阻之，谓当俟诸九月阅兵以后，若皇上得免于难，然后大举，未为晚也。故事凡皇上有所敕任，有所赐赉，必诣宫门谢恩，赐召见焉。南海先生先后奉命为总理各国事务衙门章京，督办官报局，又以著书之故，赐金二千两，皆当谢恩，君独谓"西后及满洲党相忌已甚，阿兄若屡见皇上，徒增其疑而速其变，不如勿往。"故先生自六月以后，上书极少，又不覲见。但上折谢恩，惟于所进呈之书，言改革之条理而已，皆从君之意也，其料事之明如此。南海先生既决意不出都，俟九月阅兵之役，谋有所救护，而君与谭君任此事最力。初，余既奉命督办译书，以君久在大同译书局，谙练此事，欲托君出上海总其成。行有日矣，而八月初二日忽奉明诏，命南海先生出京；初三日又奉密诏敦促。一日不可留。先生恋阙甚耿耿，君乃曰："阿兄即行，弟与复生、卓如及诸君力谋之。"盖是时虽知事急，然以为其发难终在九月，故欲竭蹶死力，有所布置也，以故先生行而君独留，遂及于难，其临大节之不苟又如此。君明于大道，达于生死，常语余云："吾生三十年，见兄弟戚友之年，与我相若者，今死去不计其数矣。吾每将己身与彼辈相较，常作已死观；今之犹在人间，作死而复生观，故应做之事，即放胆做去，无所罣碍，无所恐怖也。"盖君之从容就义者，其根柢深厚矣。既被逮之日，与同居二人程式谷、钱维骥同在狱中，言笑自若，高歌声出金石。程、钱等固不知密诏及救护之事，然闻令出西后，乃曰："我等必死矣。"君厉声曰："死亦何伤！汝年已二十余矣，我年已三十余矣，不犹愈于生数月而死，数岁而死者乎？且一刀而死，不犹愈于抱病岁月而死者乎？特恐我等未必死耳，死则中国之强在此矣，死又何伤哉？"程曰："君所言甚是，第外国变法，皆前者死，后者继，今我国新党甚寡弱，恐我辈一死，后无继者也。"君曰："八股已废，人才将辈出矣，何患无继哉？"神气雍容，临节终不少变，呜呼烈矣！南海先生之学，以仁为宗旨，君则以义为宗旨，故其治事也，专明权限，能断割，不妄求人，不妄接人，严于辞受取与，有高掌远跖摧陷廓清之概。于同时士大夫之豪俊皆俯视之。当十六岁时，因恶帖括，故不悦学，父兄责之，即自抗颜为童子师。疑其游戏必不成，姑试之，而从之学者有八九人，端坐课弟子，庄肃俨然，手创学规，严整有度，虽极顽横之童子，戢戢奉法维谨。自是知其为治事才，一切家事营办督租皆委焉。其治事如商君法，如孙武令，严密缜栗，令出必行，奴仆无不畏之，故事无不举。少年曾与先生同居一楼，楼前有芭蕉一株，经秋后败叶狼藉。先生故有茂对万物之心，窗草不除之意，甚爱护之。忽一日，失蕉所在，则君所锄弃也。先生责其不仁，君曰："留此何用，徒乱人意。"又一日，先生命君检查屋上旧书整理之，以累世为儒，阁上藏前代帖括甚多，君举而付之一炬。先生诘之，君则曰："是区区者尚不割舍耶？留此物，此楼何时得清净。"此皆君十二三岁时轶事也。虽细端，亦可以验见其刚断之气矣。君事母最孝，非在侧则母不欢，母有所烦恼，得君数言，辄怡笑以解。盖其在母侧，纯为孺子之容，与接朋辈任事时，若两人云。最深于自知，勇于改过。其事为己所不能任者，必自白之，不轻许可；及其既任，则以力殉之；有过失，必自知之、自言之而痛改之，盖光明磊落，肝胆照人焉。君尝慨中国医学之不讲，皁尝人命，学医于美人嘉约翰，三年，遂通泰西医术。欲以移中国，在沪创医学堂，草具章程，虽以事未成，而后必行之。盖君之勇断，足以廓清国家之积弊，其明察精细，足以经营国家治平之条理，而未能一得藉手，遂殉国以殁。其所办之事，则在澳门创立《知新报》，发明民政公理；在上海设译书局，译日本书，以开民

戊戌政变记

智；在西樵乡设一学校，以泰西政学教授乡之子弟；先生恶妇女缠足，壬午年创不缠足会而未成，君卒成之，粤风大移，粤会成，则与超推之于沪，集士夫开不缠足大会，君实为总持；又与同志创女学堂，以救妇女之患，行太平之义。于君才未尽十一，亦可以观其志矣。君虽不喜章句记诵词章之学，明算工书，能作篆，尝为诗骈散文，然以为无用，既不求工，亦不存稿，盖皆以余事为之，故遗文存者无几。然其言往往发前人所未发，言人所不敢言。盖南海先生于一切名理，每仅发其端，含蓄而不尽言，君则推波助澜，穷其究竟，达其极点，故精思伟论独多焉。君既殁，朋辈将记忆其言语，哀而集之，以传于后。君既弃浙官，今年改官候选主事。妻黄谨娱，为中国女学会倡办董事。

论曰：徐子靖、王小航常语余云，二康皆绝伦之资，各有所长，不能轩轾。其言虽稍过，然幼博之才，真今日救时之良矣。世人莫不知南海先生，而罕知幼博，盖为兄所掩，无足怪也。而先生之好仁，与幼博之持义，适足以相补，故先生之行事，出于幼博所左右者为多焉。六烈士之中，任事之勇猛，性行之笃挚，惟复生与幼博为最。复生学问之深博，过于幼博；幼博治事之条理，过于复生：两人之才，真未易轩轾也。呜呼！今日眼中之人，求如两君者，可复得乎？可复得乎？幼博之入京也，在今春二月。时余适自湘大病出沪，扶病入京师，应春官试。幼博善医学，于余之病也，为之调护饮食，剂医药，至是则伴余同北行。盖幼博之入京，本无他事，不过为余病耳。余病不死，而幼博死于余之病，余疚何如哉？

杨深秀传

杨君字漪村，又号叄叄子，山西闻喜县人也。少颖敏，十二岁录为县学附生。博学强记，自十三经、史、汉、通鉴，管、荀、庄、墨、老、列、韩、吕诸子，乃至《说文》、《玉篇》、《水经注》，旁及佛典，皆能举其辞，又能钩玄提要，独有心得，考据宏博，而能讲宋明义理之学，以气节自厉独出，为山西儒宗。其为举人，负士林重望。光绪八年，张公之洞巡抚山西，创令德堂，教全省士以经史、考据、词章、义理之学，特聘君为院长，以矜式多士。光绪十五年，成进士，授刑部主事，累迁郎中。光绪二十三年十二月，授山东道监察御史。二十四年正月，俄人胁割旅顺、大连湾，君始入台，第一疏即极言地球大势，请联英、日以拒俄，词甚切直。时都中人士，皆知君深于旧学，而不知其达时务，至是，共惊服之。君与康君广仁交最厚。康君专持废八股为救中国第一事，日夜谋此举。四月初间，君乃先抗疏请更文体，凡试事仍以四书五经命题，而篇中当纵论时事，不得仍破承八股之式，盖八股之弊积之千年，恐未能一旦遽扫，故以渐而进也。疏上，奉旨交部臣议行。时皇上锐意维新，而守旧大臣盈廷，兢思阻挠。君谓国是不定，则人心不知所向，如泛舟中流而不知所济，乃与徐公致靖先后上疏，请定国是。至四月二十三日，国是之诏遂下，天下志士喁喁向风矣。初请更文体之疏，既交部议，而礼部尚书许应骙庸谬昏横，辄欲驳斥，又于经济科一事，多为阻挠。时八股尚未废，许自恃为礼部长官，专务遏抑斯举，君于是与御史宋伯鲁合疏劾之，有诏命许应骙自陈，于是旧党始恶君，力与为难矣。御史文悌者，满洲人也。以满人久居内城，知宫中事最悉，颇愤西后之专横，经胶旅后，虑国危，闻君门下有某人者，抚北方豪士千数百人，适同侍祠，竟夕语君宫中隐事，皆西后淫乐之事也。既而曰："君知长麟去官之故乎？长麟以上名虽亲政，实则受制于后，请上独揽大权。曰：'西后于穆宗则为生母，于皇上则为先帝之遗妾耳，天子无以妾母为母者。'其言可谓独得大义矣。"君然之。文又曰："吾奉命查宗人府囚，见澍贝勒仅一袴蔽体，上身无衣，时方正月祁寒，拥炉战栗，吾怜之，赏钱十千。西后之刻虐皇孙如此，盖为上示戒，故上见后辄颤。此与唐武氏何异？"因慷慨诵徐敬业《讨武氏檄》"燕啄王孙"四语。目眦欲裂。君美其忠诚，乃告君曰："吾少尝慕游侠能有逾墙，抚有昆仑奴甚多，若有志士相助，可一举成大业。闻君门下多识豪杰，能觅其人以救国乎？"君壮其言而虑其难，时文数访康先生，一切奏章，皆请先生代草之，甚密。君告先生以文有此意，恐事难成。先生见文则诘之，文色变，虑君之泄漏而败事也，日腾谤于朝以求自解。犹虑不免，乃露章劾君与彼有不可告人之言，以先生开保国会，为守旧大众所恶，因附会劾之，以媚于众。政变后之伪谕，谓康先生谋围颐和园，实自文悌起也。文悌疏既上，皇上非惟不罪宋杨，且责文之诬罔，令还原衙门行走。于是君益感激天知，誓死以报，连上书请设译书局译日本书，请派亲王贝勒宗室游历各国，遣学生留学日本，皆蒙采纳施行。又请上面试京朝官，日轮二十八人，择通才召见试用，而罢其老庸愚不通时务者，于是朝士大怨。然三月以来，台谏之中毗赞新政者，惟君之功为最多。湖南巡抚陈宝箴力行新政，为疆臣之冠。而湖南守旧党与之为难，交章弹劾之，其诬词不可听闻。君独抗疏为剖辨，于是奉旨奖励陈而严责旧党，湖南浮议稍息，陈乃得复行其志。至八月初六日，垂帘之伪命既下，党案已发，京师人人惊悚，志士或捕或匿，奸焰昌披，莫敢撄其锋。君独抗疏诘问皇上被废之故，援引大义，切陈国难，请西后撤帘归政，遂就缚。狱中有诗十数章，怆怀圣君，念外患，忠气之诚，溢于言表。论者以为虽前明方正学，杨椒山之烈，不是过也。君持躬廉正，取与之间，虽一介不苟。官御史时，家赤贫，衣食或不继，时惟庸诗文以自给，不稍改其初。居京师二十年，恶衣菲食，敝车赢马，坚苦刻厉，高节绝伦，盖有古君子之风焉。子被田，字米裳，举人，能世其学，通天算、格致，厉节笃行，有父风。

论曰：漪村先生可谓义形于色矣。彼逆后贼臣，包藏祸心，蓄志既久，先生岂不知之？垂帘之诏既下，祸变已成，非空言所能补救，先生岂不知？而乃入虎穴，蹈虎尾，抗疏谔谔，为请撤帘之迂论，斯岂非孔子所谓愚不可及者耶？八月初六之变，天地反常，日月异色，内外大小臣僚，以数万计，下心低首，忍气吞声，无一敢怒之而敢言之者。而先生乃从容慷慨，以明大义于天下，宁不知其无益哉？以为凡有血气者，固不可不尔也。呜呼！荆卿虽醢，暴嬴之魄已寒；敬业虽夷，牝朝之数随尽。仁人君子之立言行事，岂计成败乎？岂计成败乎？漪村先生可谓义形于色矣。

杨锐传

　　杨锐，字叔峤，又字钝叔，四川绵竹县人。性笃谨，不妄言邪视，好词章。张公之洞督学四川，君时尚少，为张所拔识，因受业为弟子。张爱其谨密，甚相亲信。光绪十五年，以举人授内阁中书。张出任封疆将二十年，而君供职京僚。张有子在京师，而京师事不托之子而托之君。张于京师消息，一切藉君。有所考察，皆托之于君。书电络绎，盖为张第一亲厚之弟子。而举其经济特科，而君之旅费，亦张所供养也。君鲠直，尚名节，最慕汉党锢、明东林之行谊，自乙未和议以后，乃益慷慨谈时务。时南海先生在京师，过从极密。南海与志士倡设强学会，君起而和之甚力。其年十月，御史杨崇伊承某大臣意旨，劾强学会，遂下诏封禁，会中志士愤激，连署争之。向例，凡连署之书，其名次皆以衙门为先后。君官内阁，当首署，而会员中□君□□亦同官内阁，争首署。君曰："我于本衙门为前辈，乃先焉。"当时会既被禁，京师哗然，谓将兴大狱，君乃奋然率诸人以抗争之，亦可谓不畏强御矣。丁酉冬，胶变起，康先生至京师上书，君乃日与谋，极称之于给事高君燮曾。高君之疏荐康先生，君之力也。今年二月，康先生倡保国会于京师，君与刘君光第皆为会员。又自开蜀学会于四川会馆，集资巨万，规模仓卒而成，以此益为守旧者所嫉忌。张公之洞累欲荐之，以门人避嫌，乃告湖南巡抚陈公宝箴荐之。召见，加四品卿衔，充军机章京，与谭，刘、林同参预新政。拜命之日，皇上亲以黄匣缄一朱谕授四人，命竭力赞襄新政，无得瞻顾，凡有奏折，皆经四卿阅视。凡有上谕，皆经四卿属草。于是军机大臣嫉妒之，势不两立。七月下旬，宫中变态已作，上于二十九日召见君，赐以衣带诏，乃言位将不保，命康先生与四人同设法救护者也。君久居京师，最审朝局，又习闻宫廷之事，知二十年来之国脉，皆丧于西后之手，愤懑不自禁，义气形于词色，故与御史朱一新、安维峻，学士文廷式交最契。朱者，曾疏劾西后嬖宦李连英，因忤后落职者也；安者，曾疏请西后勿揽政权，因忤后遣戍塞外者也；文者，曾请皇上自收大权，因忤后革职驱逐者也。君习与诸君游，宗旨最合，久有裁抑吕武之志，至是奉诏与诸同志谋卫上变，遂被逮授命。君博学，长于诗，尝辑注《晋书》，极闳博，于京师诸名士中，称尊宿焉。然谦抑自持，与人言，恂恂如不出口，绝无名士轻薄之风，君子重之。

论曰：叔峤之接人发论，循循若处子，至其尚气节，明大义，立身不苟，见危授命，有古君子之风焉。以视平日口谈忠孝，动称义愤，一遇君父朋友之难，则反眼下石者何如哉？

林旭传

林君字暾谷，福建侯官县人，南海先生之弟子也。自童龀颖绝秀出，负意气，天才特达，如竹箭标举，干云而上。冠岁，乡试冠全省，读其文，奥雅奇伟，莫不惊之。长老名宿，皆与折节为忘年交，故所友皆一时闻人。其于诗词骈散文皆天授，文如汉魏人，诗如宋人，波澜老成，瑰奥深秾，流行京师，名动一时。乙未割辽、台，君方应试春官，乃发愤上书，请拒和议，盖意志已倜傥矣。既而官内阁中书，盖闻南海之学，慕之，谒南海，闻所论政治宗旨，大心折，遂受业焉。先是，胶警初报，事变蓁急，南海先生以为振厉士气，乃保国之基础，欲令各省志士各为学会，以相讲求，则声气易通，讲求易熟，于京师先倡粤学会、蜀学会、闽学会、浙学会、陕学会等，而杨君锐实为蜀学会之领袖。君遍谒乡先达鼓之，一日而成。以正月初十日开大会于福建会馆，闽中名士夫皆集，而君实为闽学会之领袖焉。及开保国会，君为会中倡始董事，提倡最力。初，荣禄尝为福州将军，雅好闽人，而君又沈文肃公之孙婿，才名藉甚，故荣颇欲罗致之。五月，荣既至天津，乃招君入幕府。君入都请命于南海，问可就否。南海曰："就之何害？若能责以大义，怵以时变，从容开导其迷谬，暗中消遏其阴谋，亦大善事也。"于是君乃决就荣聘，已而举应经济特科，会少詹王锡蕃荐君于朝，七月召见，上命将奏对之语再誊出呈览，盖因君操闽语，上不尽解也。君退朝具折奏上，折中称述师说甚详，皇上既知为康某之弟子，因信任之，遂与谭君等同授四品卿衔，入军机参预新政。十日之中，所陈奏甚多，上谕多由君所拟。初二日，皇上赐康先生密谕，令速出京，亦交君传出，盖深信之也。既奉密谕，谭君等距踊椎号，时袁世凯方在京，谋出密诏示之，激其义愤，而君不谓然，作一小诗代简，致之谭等曰："伏蒲泣血知何用，慷慨何曾报主恩。愿为公歌千里草，本初健者莫轻言。"盖指东汉何进之事也。及变起，同被捕，十三日斩于市。临刑呼监斩吏问罪名，吏不顾而去，君神色不稍变云。著有《晚翠轩诗集》若干卷，长短句及杂文若干卷。

妻沈静仪，沈文肃公葆桢之孙女，得报，痛哭不欲生，将亲入都收遗骸，为家人所劝禁，乃仰药以殉。

论曰：暾谷少余一岁，余以弟畜之，暾谷故长于诗词，喜吟咏。余规之曰："词章乃娱魂调性之具，偶一为之可也。若以为业，则玩物丧志，与声色之累无异。方今世变日亟，以君之才，岂可溺于是？"君幡然戒诗，尽割舍旧习，从南海治义理经世之学，岂所谓从善如不及邪？荣禄之爱暾谷，罗致暾谷，致敬尽礼，一旦则悍然不问其罪否，骈而戮之，彼豺狼者岂复有爱根邪？翻手为云，覆手为雨，朝杯酒，暮白刃，虽父母兄弟，犹且不顾，他又何怪？

刘光第传

刘君字裴村，四川富顺县人。性端重敦笃，不苟言笑。志节崭然，博学能文诗，善书法。诗在韩杜之间。书学鲁公，气骨森竦，严整肖其为人。弱冠后，成进士，授刑部主事，治事精严。光绪二十年，以亲丧去官，教授乡里，提倡实学，蜀人化之。官京师，闭户读书，不与时流所谓名士通，故人鲜知者，及南海先生开保国会，君翩然来为会员。七月，以陈公宝箴荐，召见，加四品卿衔，充军机章京，参预新政。初，君与谭君尚未识面，至是既同官又同班，（故事，军机章京，凡两班轮日入直时，君与谭君同在二班云。）则大相契。谭君以为京师所见高节笃行之士，罕其比也。向例，凡初入军机者，内侍例索赏钱，君持正不与；礼亲王军机首辅，生日祝寿，同僚皆往拜，君不往；军机大臣裕禄擢礼部尚书，同僚皆往贺，君不贺；谓时事艰难，吾辈拜爵于朝，当劬王事，岂有暇奔走媚事权贵哉？其气节严厉如此。七月二十六日，有湖南守旧党曾廉上书请杀南海先生及余，深文罗织，谓为叛逆。皇上恐西后见之，将有不测之怒，乃将其折交裕禄，命转交谭君，按条详驳之。谭君驳语云：臣嗣同以百口保康、梁之忠，若曾廉之言属实，臣嗣同请先坐罪。君与谭君同在二班，乃并署名曰：臣光第亦请先坐罪。谭君大敬而惊之。君曰：即微皇上之命，亦当救志士，况有君命耶？仆不让君独为君子也。于是谭君益大服君。变既作，四卿同被逮下狱，未经讯鞫。故事，提犯自东门出则宥，出西门则死。十三日，使者提君等六人自西门出，同人未知生死。君久于刑部，谙囚狱故事，太息曰："吾属死，正气尽。"闻者莫不挥泪。君既就义，其嗣子赴市曹伏尸痛哭一日夜以死。君家贫，坚苦刻厉，诗文甚富，就义后，未知其稿所在。

论曰：裴村之识余，介□□□先生。□□先生，有道之士也，余以是敬裴村。然裴村之在京师，闭门谢客，故过从希焉。南海先生则未尝通拜答，但于保国会识一面，而于曾廉之事，裴村以死相救。呜呼，真古之人哉，古之人哉！与裴村未稔，故不能详记其行谊，虽然，荦荦数端，亦可以见其概矣。

谭嗣同传

谭君字复生，又号壮飞，湖南浏阳县人。少倜傥有大志，淹通群籍，能文章，好任侠，善剑术。父继洵，官湖北巡抚。

幼丧母，为父妾所虐，备极孤孽苦，故操心危，虑患深，而德慧术智日增长焉。弱冠，从军新疆，游巡抚刘公锦棠幕府。刘大奇其才，将荐之于朝，会刘以养亲去官，不果。自是十年，来往于直隶、新疆、甘肃、陕西、河南、湖南、湖北、江苏、安徽、浙江、台湾各省，察视风土，物色豪杰，然终以巡抚君拘谨，不许远游，未能尽其四方之志也。自甲午战事后，益发愤提倡新学，首在浏阳设一学会，集同志讲求磨砺，实为湖南全省新学之起点焉。时南海先生方倡强学会于北京及上海，天下志士，走集应和之。君乃自湖南溯江，下上海，游京师，将以谒先生，而先生适归广东，不获见。余方在京师强学会任记纂之役，始与君相见，语以南海讲学之宗旨，经世之条理，则感动大喜跃，自称私淑弟子，自是学识更日益进。时和议初定，人人怀国耻，士气稍振起。君则激昂慷慨，大声疾呼，海内有志之士，睹其丰采，闻其言论，知其为非常人矣。以父命就官为候补知府，需次金陵者一年，闭户养心读书，冥探孔、佛之精奥，会通群哲之心法，衍绎南海之宗旨，成《仁学》一书。又时时至上海与同志商量学术，讨论天下事，未尝与俗吏一相接。君常自谓"作吏一年，无异入山"。时陈公宝箴为湖南巡抚，其子三立辅之，慨然以湖南开化为己任。丁酉六月，黄君遵宪适拜湖南按察使之命；八月，徐君仁铸又来督湘学。湖南绅士□□□□□□□□等蹈厉奋发，提倡桑梓，志士渐集于湘楚。陈公父子与前任学政江君标，乃谋大集豪杰于湖南，并力经营，为诸省之倡。于是聘余及□□□□□等为学堂教习，召□□□归练兵。而君亦为陈公所敦促，即弃官归，安置眷属于其浏阳之乡，而独留长沙，与群志士办新政。于是湖南倡办之事，若内河小轮船也，商办矿务也，湘粤铁路也，时务学堂也，武备学堂也，保卫局也，南学会也，皆君所倡论擘画者，而以南学会最为盛业。设会之意，将合南部诸省志士，联为一气，相与讲爱国之理，求救亡之法，而先从湖南一省办起，盖实兼学会与地方议会之规模焉。地方有事，公议而行，此议会之意也；每七日大集众而讲学，演说万国大势及政学原理，此学会之意也。于时君实为学长，任演说之事，每会集者千数百人。君慷慨论天下事，闻者无不感动，故湖南全省风气大开，君之功居多。今年四月，定国是之诏既下，君以学士徐公致靖荐被征。适大病不能行，至七月乃扶病入觐，奏对称旨。皇上超擢四品卿衔军机章京，与杨锐、林旭、刘光第同参预新政，时号为军机四卿。参预新政者，犹唐宋之参知政事，实宰相之职也。皇上欲大用康先生，而上畏西后，不敢行其志。数月以来，皇上有所询问，则令总理衙门传旨；先生有所陈奏，则著之于所进呈书之中而已。自四卿入军机，然后皇上与康先生之意始能少通，锐意欲行大改革矣，而西后及贼臣忌益甚，未及十日，而变已起。初，君之始入京也，与言皇上无权、西后阻挠之事，君不之信。及七月二十七日，皇上欲开懋勤殿设顾问官，命君拟旨，先遣内侍持历朝圣训授君，传上言谓康熙、乾隆、咸丰三朝有开懋勤殿故事，令查出引入上谕中，盖将以二十八日亲往颐和园请命西后云。君退朝，乃告同人曰："今而知皇上之真无权矣。"至二十八日，京朝人人咸知懋勤殿之事，以为今日谕旨将下，而卒不下，于是益知西后与帝之不相容矣。二十九日，皇上召见杨锐，遂赐衣带诏，有"朕位几不保，命康与四卿及同志速设法筹救"之语，君与康先生捧诏恸哭，而皇上手无寸柄，无所为计。时诸将之中，惟袁世凯久使朝鲜，讲中外之故，力主变法。君密奏请皇上结以恩遇，冀缓急或可救助，词极激切。八月初一日，上召见袁世凯，特赏侍郎，初二日复召见。初三日夕，君径造袁所寓之法华寺，直诘袁曰："君谓皇上何如人也？"袁曰："旷代之圣主也。"君曰："天津阅兵之阴谋，君知之乎？"袁曰："然，固有所闻。"君乃直出密诏示之曰："今日可以救我圣主者，惟在足下，足下欲救则救之。"又以手自抚其颈曰："苟不欲救，请至颐和园首仆而杀仆，可以得富贵也。"袁正色厉声曰："君以袁某为何如人哉？圣主乃吾辈所共事之主，仆与足下同受非常之遇，救护之责，非独足下，若有所教，仆固愿闻也。"君曰："荣禄密谋，全在天津阅兵之举，足下及董、聂三军，皆受荣所节制，将挟兵力以行大事。虽然，董、聂不足道也，天下健者，惟有足下。若变起，足下以一军敌彼二军，保护圣主，复大权，清君侧，肃宫廷，指挥若定，不世之业也。"袁曰："若皇上于阅兵时疾驰入仆营，传号令以诛奸贼，则仆必能从诸君子之后，竭死力以补救。"君曰："荣禄遇足下素厚，足下何以待之？"袁笑而不言。袁幕府某曰："荣贼并非推心待慰帅者。昔某公欲增慰帅兵，荣曰：'汉人未可假大兵权。'盖向来不过笼络耳。即如前年胡景桂参劾慰帅一事，胡乃荣之私人，荣遣其劾帅，而己查办昭雪之以市恩；既而胡即放宁夏知府，旋升宁夏道。此乃荣贼心计险极巧极之处，慰帅岂不知之？"君乃曰："荣禄固操、莽之才，绝世之雄，待之恐不易易。"袁

戊戌政变记

怒目视曰："若皇上在仆营，则诛荣禄如杀一狗耳。"因相与言救上之条理甚详。袁曰："今营中枪弹火药皆在荣贼之手，而营哨各官，亦多属旧人。事急矣！既定策，则仆须急归营，更选将官，而设法备贮弹药则可也。"乃丁宁而去，时八月初三夜漏三下矣。至初五日，袁复召见，闻亦奉有密诏云。至初六日，变遂发。时余方访君寓，对坐榻上，有所擘画，而抄捕南海馆（康先生所居也）之报忽至，旋闻垂帘之谕。君从容语余曰："昔欲救皇上既无可救，今欲救先生亦无可救，吾已无事可办，惟待死期耳。虽然，天下事知其不可而为之。足下试入日本使馆谒伊藤氏，请致电上海领事而救先生焉。"余是夕宿于日本使馆，君竟日不出门，以待捕者。捕者既不至，则于其明日入日本使馆与余相见，劝东游，且携所著书及诗文辞稿本数册、家书一箧托焉。曰："不有行者，无以图将来；不有死者，无以酬圣主。今南海之生死未可卜，程婴、杵臼、月照、西乡，吾与足下分任之。"遂相与一抱而别。初七、八、九三日，君复与侠士谋救皇上，事卒不成。初十日遂被逮。被逮之前一日，日本志士数辈苦劝君东游，君不听。再四强之，君曰："各国变法，无不从流血而成。今中国未闻有因变法而流血者，此国之所以不昌也。有之，请自嗣同始。"卒不去，故及于难。君既系狱，题一诗于狱壁曰："望门投宿思张俭，忍死须臾待杜根。我自横刀向天笑，去留肝胆两昆仑。"盖念南海也。以八月十三日斩于市，春秋三十有三。就义之日，观者万人，君慷慨神气不少变。时军机大臣刚毅监斩，君呼刚前曰："吾有一言！"刚去不听，乃从容就戮。呜呼烈矣！君资性绝特，于学无所不窥，而以日新为宗旨，故无所沾滞，善能舍己从人，故其学日进，每十日不相见，则议论学识必有增长。少年曾为考据、笺注、金石刻镂、诗古文辞之学，亦好谈中国古兵法；三十岁以后，悉弃去，究心泰西天算、格致、政治、历史之学，皆有心得，又究心教宗。当君之与余初相见也，极推崇耶氏兼爱之教，而不知有佛，不知有孔子；既而闻南海先生所发明《易》、《春秋》之义，穷大同太平之条理，体乾元统天之精意，则大服；又闻华严性海之说，而悟世界无量，现身无量，无人无我，无去无住，无垢无净，舍救人外更无他事之理。闻相宗识浪之说，而悟众生根器无量，故说法无量，种种差别，与圆性无碍之理，则益大服。自是豁然贯通，能汇万法为一，能衍一法为万，无所罣碍，而任事之勇猛亦益加。作官金陵之一年，日夜冥搜孔、佛之书。金陵有居士杨文会者，博览教乘，熟于佛故，以流通经典为己任。君时时与之游，因得遍窥三藏，所得日益精深。其学术宗旨，大端见于《仁学》一书，又散见于与友人论学书中。所著书《仁学》之外，尚有《寥天一阁文》二卷，《莽苍苍斋诗》二卷，《远遗堂集外文》一卷，《札记》一卷，《兴算学议》一卷，已刻。《思纬吉凶台短书》一卷，《壮飞楼治事》十篇，《秋雨年华之馆丛脞书》四卷，《剑经衍葛》一卷，《印录》一卷，并《仁学》皆藏于余处。又政论数十篇见于《湘报》者，及与师友论学论事书数十篇。余将与君之石交□□□□□□□□等共搜辑之，为《谭浏阳遗集》若干卷。其《仁学》一书，先择其稍平易者，附印《清议报》中，公诸世焉。君平生一无嗜好，持躬严整，面稜稜有秋肃之气。无子女；妻李闰，为中国女学会倡办董事。

论曰：复生之行谊磊落，轰天撼地，人人共知，是以不论，论其所学。自唐宋以后，呫毕小儒，徇其一孔之论，以谤佛毁法，固不足道，而震旦末法流行，数百年来，宗门之人，耽乐小乘，堕断常见，龙象之才，罕有闻者。以为佛法皆清净而已，寂灭而已。岂知大乘之法，悲智双修，与孔子必仁且智之义，如两爪之相印。惟智也，知即世间即出世间，无所谓净土；即人即我，无所谓众生。世界之外无净土，众生之外无我，故惟有舍身以救众生。佛说："我不入地狱，谁入地狱？"孔子曰："吾非斯人之徒与而谁与？天下有道，丘不与易。"故即智即仁焉。既思救众生矣，则必有救之之条理。故孔子治《春秋》，为大同小康之制，千条万绪，皆为世界也，为众生也，舍此一大事，无他事也。《华严》之菩萨行也，所谓誓不成佛也。《春秋》三世之义，救过去之众生与救现在之众生，救现在之众生与救将来之众生，其法异而不异；救此土之众生与救彼土之众生，其法异而不异；救全世界之众生与救一国之众生，救一人之众生，其法异而不异：此相宗之唯识也。因众生根器，各各不同，故说法不同，而实法无不同也。既无净土矣，既无我矣，则无所希恋，无所罣碍，无所恐怖。夫净土与我且不爱矣，复何有利害毁誉称讥苦乐之可以动其心乎？故孔子言不忧不惑不惧，佛言大无畏，盖即仁即智即勇焉。通乎此者，则游行自在，可以出生，可以入死，可以仁，可以救众生。

附烈宦寇连材传

寇君直隶昌平州人也，敏颖硬直。年十五以奄入宫，事西后为梳头房太监，甚见亲爱。凡西后室内会计皆使掌之。少长见西后所行，大不谓然，屡次几谏，西后以其少而贱，不以为意，惟呵斥之而已，亦不加罪。已而为奏事处太监一年余，复为西后会计房太监。甲午战败后，君日愤懑忧伤，形于词色，时与诸内侍叹息国事，内侍皆笑之以鼻。乙未十月，西后复专政柄，杖二妃，蓄志废立，日逼皇上为蒲博之戏，又赏皇上以鸦片烟具，劝皇上吸食，而别令太监李联英及内务府人员在外廷造谣言，称皇上之失德，以为废立地步。又将大兴土木，修圆明园以纵娱乐。君在内廷大忧之，日夕皱眉凝虑，如醉如痴，诸内侍以为病狂。丙申二月初十日早起，西后方垂帐卧，君则流涕长跪榻前。西后揭帐叱问何故，君哭曰："国危至此，老佛爷（宫内人每称皇帝为佛爷，西后则加称老佛爷）即不为祖宗天下计，独不自为计乎？何忍更纵游乐、生内变也！"西后以为狂叱之去。君乃请假五日，归诀其父母兄弟，出其所记宫中事一册授其弱弟，还宫则分所蓄与其小太监。至十五日乃上一折凡十条：一请太后勿揽政权，归政皇上；二请勿修圆明园以幽皇上；……其余数条，言者不甚能详之，大率人人不敢开口之言。最奇者末一条言皇上今尚无子嗣，请择天下之贤者立为皇太子，效尧舜之事。其言虽不经，然皆自其心中忠诚所发，盖不顾死生利害而言之者也。书既上，西后震怒，召而责之曰："汝之折汝所自为乎？抑受人指使乎？"君曰："奴才所自为也。"后命背诵其词一遍。后曰："本朝成例，内监有言事者斩，妆知之乎？"君曰："知之。奴才若惧死，则不上折也。"于是，命囚之于

戊戌政变记

内务府慎刑司。十七日移交刑部命处斩。临刑神色不变，整
衣冠，正襟领，望阙九拜乃就义。观者如堵，有感泣者。越
日遂有驱逐文廷式出都之事。君不甚识字，所上折中之字体
多错误讹夺云。同时有王四者亦西后梳头房太监，以附皇上
发往军台。又有闻古廷者，皇上之内侍，本为贡生，雅好文
学，甚忠于上，西后忌之，发往宁古塔，旋杀之。丙申二月，
御史杨崇伊劾文廷式疏中谓廷式私通内侍联为兄弟，即此人
也。杨盖误以闻为文云。

　　论曰：陆象山曰："我虽不识一字，亦须还我堂堂地做个
人。"其寇黄门之谓乎？京师之大，衿缨之众，儒林文苑之才，
斗量车载，及其爱国明大义，乃独让一不识字之黄门，呜呼，
可无愧死乎！八月政变以后，皇上之内侍及官女前后被戮者

二十余人，闻有在衣襟中搜出军器者，盖皆忠于皇上，欲设法有所救护也。身微职贱，无由知其名姓。惟据报纸所传闻，有一张进喜者云。呜呼，前者死，后者继，非我皇上盛德感人之深，安能若此乎？呜呼，如诸宦者亦可以随六君子而千古矣。

附录一　改革起原

唤起吾国四千年之大梦，实自甲午一役始也。吾国之大患，由国家视其民为奴隶，积之既久，民之自视亦如奴隶焉。彼奴隶者苟抗颜而干预主人之家事，主人必艴然而怒，非摈斥则谴责耳。故奴隶于主人之事，罕有关心者，非其性然也，势使之然也。吾国之人视国事若于己无与焉，虽经国耻历国难，而漠然不以动其心者，非其性然也，势使之然也。且其地太辽阔，而道路不通，彼此隔绝，异省之民，罕有交通之事，其相视若异国焉，各不相知，各不相关，诚有如小说家所记巨鲸之体，广袤数里，渔人断其背而穴焉。寝处于是，炊爨于是，而巨鲸渺然不之知也，故非受巨创负深痛，固不足以震动之。昔日本当安政间，受浦贺米舰一言之挫辱，而国民蜂起，遂成维新，吾国则一经庚申圆明园之变，再经甲申马江之变，而十八行省之民，犹不知痛痒，未尝稍改其顽固嚣张之习，直待台湾既割，二百兆之偿款既输，而鼾睡之声，乃渐惊起，此亦事之无如何者也。

乙未二三月间，和议将定，时适会试之年，各省举人集于北京者以万数千计，康有为创议上书拒之，梁启超乃日夜奔走，号召连署上书论国事，广东湖南同日先上，各省从之，各自连署麇集于都察院者，无日不有，虽其言或通或塞，或新或旧，驳杂不一，而士气之稍申，实自此始。既而合十八省之举人聚议于北京之松筠庵，（庵者，明代烈士杨继盛氏之故宅也。）为大连署以上书，与斯会者凡千三百余人，时康有为尚未通籍，实领袖之，其书之大意凡三事，一曰拒和，二曰迁都，三曰变法。而其宗旨则以变法为归，盖谓使前此而能变法，则可以无今日之祸。使今日而能变法，犹可以免将来之祸。若今犹不变，则他日之患，更有甚于今者。言甚激切，大臣恶之，不为代奏，然自是执政者渐渐引病去，公车之人散而归乡里者，亦渐知天下大局之事，各省蒙昧启辟，实起点于斯举。此事始末，上海刻有《公车上书记》以纪之，实为清朝二百余年未有之大举也。和议既定，公车既散，康有为适登进士，授职工部主事，复上书言变法下手之方，先后缓急之序，专主开民智，通下情，合天下人之聪明才力，以治天下之事。而归本于皇上之独伸乾断，勿为浮言所动，工部堂官恶之益甚，不为代奏，盖和议方成，人心震厉，此实我国维新一大关键，以皇上之天锡勇智，使彼时得人而辅之，其措置更易于今日。此实吾国一大可惜也，今将其书照录于下。

　　具呈：工部主事康有为，为变通善后，讲求体要，乞速行乾断以图自强，呈请代奏事，窃职前月不揣狂愚，妄陈大计，自以僭越干犯重诛，待罪弥月，惶恐战栗，乃蒙皇上天地包容，不责其僭妄之罪，岂非广刍荛之听，立敤铎之鹄，以开言路而广聪明耶。职上感圣明之纳言如此，下愤国事之抢攘如彼，前书仅言通变之方，未发体要，及先后缓急之宜，用敢冒犯斧钺，再竭愚诚，为我皇上陈之。窃惟为治之道，在审理势，势本无强弱，大小对较而后分，理难定美恶，是非随时而易义。昔孔子既作《春秋》以明三统，又作《易》以言变通，黑白子丑相反而皆可行，进退消息变通而后可久，所以法后王而为圣师也。不穷经义而酌古今，考势变而通中外，是刻舟求剑之愚，非阖辟乾坤之治也。今通商既开，外国环逼，既已彼我对立，则如两军相当，不能谍其军法兵谋，无以为用兵应敌，小敌而不知情，则震而张皇。大敌而不知情，则轻而致败；必然之理也。夫泰西诸国之相逼，中国数千年来未有之变局也。曩代四夷之交侵，以强兵相陵而已，未有治法文学之事也。今泰西诸国以治法相竞，以智学相上，此诚从古诸夷之所

戊戌政变记

无也。尝考泰西所以致强之由,一在千年来诸国并立也,若政稍不振,则灭亡随之,故上下励精,日夜戒惧,尊贤而尚功,保民而亲下。其君相之于一士一民,皆思用之,故护养之意多,而防制之意少,其士民之于其君其国皆能亲之。故有情而必通,有才而必用,其国人之精神议论,咸注意于邻封,有良法新制,必思步武而争胜之,有外交内攻,必思离散而窥伺之。盖事事有相忌相畏之心,故时时有相牵相胜之意,所以讲法立政,精益求精,而后仅能相持也。一在立科以励智学也,泰西当宋元之时,大为教王所愚,屡为回国所破,贫弱甚矣。英人倍根当明永乐时创为新义,以为聪明凿而愈出,事物踵而增华,主启新不主仍旧,主宜今不主泥古,请于国家立科鼓励。其士人著有新书,发从古未创之说者,赏以清秩高第。其工人制有新器,发从古未有之巧者,予以厚币功牌,皆许其专利,宽其岁年。其有寻得新地,为人迹所未辟,身任大工,为生民所利赖者,予以世爵。于是国人踊跃,各竭心思,争求新法,以取富贵,各国从之。数十年间,哥仑布寻得美洲万里之地,辟金山以致富,每年得银巨万,而银钱流入中国矣,墨领遍绕大地,知地如球,而荷兰葡萄牙大收南洋,举台湾而占濠镜矣。哥白尼发地之绕日,于是利玛窦、熊三拔、艾儒略、南怀仁、汤若望挟技来游,其入贡有浑天地球之仪,量天缩地之尺,而改中国历宪矣。至近百年来新法益盛,道光初年始创轮舟,而十二年英人犯我广州,且遍收四洲为属地,辟土四万里矣,道光末年始有电线、铁路，美人铁路如织网丝，五里十里，纵横午贯，而富甲大地。俄人筑之，辟地万里，近者英之得印度、缅甸，俄之得西伯利至珲春，法之得越，皆筑铁路以逼我三陲矣。合十余国人士所观摩，君相所激励，师友所讲求，事无大小，皆求新便，近以船械横行四海，故以薄技粗器之微，而为天下政教之大。人皆惊洋人气象之强，制造之奇，而推所自来，皆由立爵赏以劝智学为之。一在设议院以通下情也。筹饷为最难之事，民信上则巨款可筹，赋税无一定之规，费出公则每岁摊派，人皆来自四方，故疾苦无不上闻，政皆出于一堂，故德意无不下达，事皆本于众议，故权奸无所容其私，动皆溢于众听，故中饱无所容其弊。有是三者，故百度并举，以致富强，然孟子云："国家闲暇，明其政刑，尊贤使能，大国必畏。"《易》称开物成务，利用前民，作成器以为天下利。《洪范》称大同逢吉，决从于卿士庶人，孟子称进贤杀人，待于国人大夫，则彼族实暗合经义之精，非能为新创之治也。中国自古一统，环列皆小蛮夷，故于外无争雄竞长之心，但于下有防乱弭患之意。至于明世治法尤密，以八股取士，以年劳累官，务困智名勇功之士，不能尽其学，一职而有数人，一人而兼数职，务为分权掣肘之法，不能尽其才，道路极塞，而散则易治。上下极隔，而尊则易威。国朝因用明制，故数百年来大臣重镇，不闻他变，天下虽大，戢戢奉法，而文网颇疏，取民极薄，小民不知不识，乐业嬉生，此其治效中古所无也，若使地球未辟，泰西不来，虽后此千年率由不变可也，无如大地忽通，强敌环逼，士知诗文，而不通中外，故锢聪塞明，而才不足用，官求安谨，而畏言兴作，故苟且粉饰。而事不能兴，民多而利源不开，则穷而为盗，官多而事权不属，则冗而无耻，至于上下隔绝，故百弊丛生，一统相安。故敌情不识，但内而防患，未尝外而争强，以此闭关之俗，忽当竞长之时，缔绤宜于夏日，雨雪忽至，不能不易重裘，车马宜于陆行，大河前横，不能不觅舟楫，外之感触既异，内之备御因之，故大易贵乎时义，管子贵乎观邻，管子曰：国之存也，邻国有焉。国之亡也，邻国有焉。举而不当，此邻敌所以得志也。天下皆理，己独乱，国非其国也，诸侯皆合，己独孤，国非其国也。大而不为者复小，众而不理者复寡，盖列国并争，如孤军转战于长围，苟精神方略，兵械士马，少有不逮，败绩立见。大朝一统，如一人偃卧于斗室，但谨户牖，去蚊虻，虽稍高枕，可以无事，今略如春秋、战国之并争，非复汉、唐、宋、明之专统，所谓数千年未有之变也。若引旧法以治近世，是执旧方以医变症。药既不对，病必加危。五十年来讲求国是者，既审证之未真，故言战言和，亦施药之未当，否则笃守不药，坐待弱亡，用致割地偿款，病日危重，至此伤寒传里，病入厥阴，昔患水肿痿痹，犹尚庞然，今且枯干瘦羸，渐无精气，如不讲明病证，尽易旧方，垂危之人，岂堪再误。但审病之轻重常变不同，则用方之君臣佐使亦异，故今审端致力之始，尤以讲明国是为先。伏闻圣意所注垂，下及群臣所论说，咸欲变法自强，可谓通知情势矣。曩言今当以开创治天下，不当以守成治天下，当以列国并争治天下，不当以一统无为治天下。诚以积习既深，时势大异，非尽弃旧习，再立堂构，无以涤除旧弊，维新气象，若仅补苴罅漏，弥缝缺失，则千疮百孔，顾此失彼，连类并败，必至无功。夫夏屋坏于短橛，金堤败于蚁穴，况欲饰粪墙，雕朽木，而当雷电风雨之交加，焉有不倾覆者哉。他日不知其弥补之非，或归咎于变改之谬，近者设立海军、使馆、招商局、同文馆、制造局、水师堂、洋操船政，而根本不净，百事皆非，故有海军而不知驾驶，有使馆而未储使才，有水师堂洋操而兵无精卒，有制造局船澳而器无新制，有总署而未通外国掌故，有商局而不能外国驰驱。若其徇私丛弊，更不必论，故徒糜巨款，无救危败，反为攻者藉口，以明更张无益而已。职窃料今者，廷议变法，积习难忘，仍是补漏缝缺之谋，非再立堂构之规，风雨既至，终必倾坠，国事有几，岂可频误哉？职伏愿皇上召问群臣，讲明国是，反复辨难，露显事势，确知旧习之宜尽弃，补漏之无成功，大体既立，而后措施不失，议论著定，而后耳目不惊，先后缓急，乃可徐图，摧陷廓清，乃可用力。若果能涤除积习，别立堂基，窃为皇上计之，三年则规模已成，十年则治化大定。然后恢复旧壤，大雪仇耻，余以为震地球而有余矣。夫以不更化则危亡之急如此，能更化则强盛之效如彼，言之岂不易哉。请以土耳其、日本言之，土耳其为回教大国，襟带两洲，地五千里，

戊戌政变记

非洲二十余国，皆其属藩，陆师天下第一，水师天下第三，以不更化之故，两辱于俄，其属地布加利牙、罗马尼亚、门的内哥、塞尔维亚皆叛而自立，于是俄割其黑海，波斯割其科托，奥割其波森利牙、赫次戈伟也纳，英割其毛鲁塌，希腊割其白海，六大国废其君而柄其政。为之开议院，筑铁路，于是土不国矣。其他守旧之国，扫灭已尽，惟余我及波斯暹罗耳。以缅甸之大，我累用兵而不得者，英人旬日而举之，其得失可以鉴矣。日本蕞尔三岛，土地人民不能当中国之十一，近者其国王与其相三条实美改纪其政，国日富强。乃能灭我琉球，割我辽台。以土之大，不更化则削弱如此，以日之小，能更化则骤强如彼，岂非明效大验哉？况中国地方二万里之大，人民四万万之多，物产二十六万种之富，加以先圣义理入人之深，祖宗德泽在人之厚，下知忠义而无异心，上有全权而无掣肘，此地球各国之所无，而泰西诸国之所羡慕者也。以皇上之明，居莫强之势，有独揽之权，不欲自强则已耳。若皇上真欲自强，则孔子所谓欲仁仁至，孟子所谓王犹反手，盖惟中国之势为然。然数千年之旧说，易为所牵，数百年之积习，易为所滞，非常之原，黎民所惧，吐下之方，庸医不投，苟非有雷霆霹雳之气，不能成造立天地之功，故非天下之至强，不能扫除也。后有猛虎，则懦夫可以跳涧溪，室遭大火，则吝夫不复惜什器。惟知之极明者，行之自极勇，然非天下之至明，不能洞见也。皇上真有发强刚毅之心，真知灼见之学，扫除更张，再立堂构，自有不能已者。故愿皇上先讲明之，则余事不足为也。若犹更化不力，必是讲明未至，以为旧习可安。不必更张太甚，是虽有起死之方，无救庸医之误矣。窃观今日经此创巨痛深之后，未闻卧薪尝胆之谋，有兵事则惶恐纷纭，既议和则因循敷衍。皇上有自强求治之心，而未闻求言求才之事。上下隔绝，未闻纡尊降贵以通下情。泄沓苟安，未闻震动激励以易风俗。大小上下，未闻日夜会合谋议自强之举。大臣宰执，复徇簿书期会往来饮食之文，割地未定，借款未得，仇耻已忘，愤心已释，过此益可知矣。麻木不仁，饮迷熟睡，刺之不知痛，药之不能入，诚扁鹊所望而却走也。若谓待辽台事毕乃议改图，则今日割地之举，皆由昔者泄沓之为，不亟图内治而待命他人，天下甚大，事变日生，撤兵既难，教案旋起，土司未划，回乱继生，何日是从容为政时哉？方今求治，虽救火追亡，犹虑不及，而佩玉鸣珂，雅步于覆屋危墙之下，岂有当乎？庸医模棱，足以杀人，庸人因循，足以误国。故敢谓廷议变法，积习难忘，风雨既至，终必倾坠者此也。夫斟酌补苴，岂不甚善？而职必谓非扫除更张，终无补益者，何哉？试以一二事言之，如今日所大患者贫弱也，救贫莫如开矿制造通商，救弱莫如练兵选将购械，人所共知也。而科举不改，积重如故，人孰肯舍所荣趋所贱哉？著书、制器械、办工寻地之荣途不开，则智学不出，故欲开矿者通矿学则无其人，募制造则创新制者无其器，讲通商则通商学者无其业，有所欲作，必拱手以待外夷。故有地宝而不能取，

戊戌政变记

有人巧而不能用，以此求富，安可致哉？乡塾、童学、读史、识字、测算、绘图、天文、地理、光电、化重、声汽之学校不设，则根柢不立，驱垂老乞丐者为兵，而欲其识字绘图测表燃炮，必不可得，则兵不如人。选悍夫勇士者为将而欲其读史知兵测天绘地，必不可得，则将不如人。购外夷开官厂以为船炮枪械，而欲其新式巧制，必不可得，则船炮枪械必不如人。故凡有战衅，必败绩以摇国家，有兵而不可用，有械而不可恃，以此求强，安可致哉？假如知开矿、制造、通商、练兵、选将、购械之不能骤求矣，于是稍改科举，而以荣途励著书制器寻地办工之人，大增学校，而令乡塾通读史、识字、测算、绘图、天文、地理、光电、化重、声汽之学，亦可谓能变通矣。然外国凡讲一学，必集众力以成之，固为集思广益，劝善相摩，亦以购书购器，动费巨万，非众擎则不举。故考天文则有天文之会，凡言天文者皆聚焉。筑观象之台，购浑天之器，美人贺旦购天文镜费七十万金，此岂一人能为哉？考地理则有地理之会，凡言地理者皆聚焉，英国阿侯为亚洲地理会首，醵金派人游历我亚洲，自东土耳其、波斯回部、西伯利部及我国蒙古、西藏，测量绘图，穷幽极险，我云南细图，英人道光二十五年已绘之，西藏细图，光绪二年已绘之。我蒙古漠河金矿之山，前年俄人已绘有细图到天津，他如法人派流丕探滇越之地，而即收越南。派特耳忒游暹罗考湄江之源，而即割暹罗湄江东岸。近俄英之强入漠河、青海、川藏测绘者不可胜数，既屡见疆臣奏报，以为大患。岂知皆其地理会中人为之，非国家所派者也。特国家之保护，遂收辟地万里之殊功。其他言矿学有矿学之会，言农学有农学之会，言商学有商学之会，言史学有史学之会，即今教案迭见，天下苦之，亦皆其教会所派之人，并非出于国命，不过为之保护耳。而教民察敌情，即以大赖其力。故泰西国势之强，皆藉民会之故，盖政府之精神有限，不能事事研精，民会则专门讲求，故能事事新辟。其入会之人，自后妃、太子、亲王、大臣咸预焉，前者俄后亲入医会，比者日本之后入救人会，皆降至尊而讲末业。如中国天子躬耕、后夫人亲蚕之义，以资鼓励。故举国风从，学业之精，制造之新，实由于此。孔子曰：百工居肆以成其事，君子居学以致其道。又曰：以文会友。孔子养徒三千，孟子后车数十，唐太学生万人，宋朱子、陆九渊讲学数千人，明徐阶讲学会者八千，皆治化极盛，绝无流弊。至汉明之季，主持清议，此乃权奸之不利，而国家之大利也。明季贰臣入仕国朝，畏人议之，故严其禁，今非其时，岂可复沿其误。然上不为倡，下不敢作，会若不开，则学亦不成，然学会虽开矣，而学至精微，事至繁重，谁为考授，谁为兴举，乡里纤悉，势必责成于县令，而县令上有层累之督抚司道本府以临之，则控制殊甚。下惟杂流之典史、巡检、胥差以佐之，则辅理无人，任之极轻，捐纳军功亦可得。待之极贱，抱道怀德不肯为，甚至冗员千数，望差如岁。廉耻衰丧，才识庸鄙，以此而欲其遍开新学，鼓舞人士，大劝农工，兴启利源，岂可得哉？故周则百里封侯，直达天子，汉以太守领令，下逮小民，层级既寡，宣治较易，近者日本之变制也。以县直隶国主，而亲王出为知县，故下情无不达，而举事无不行。吾土地辽阔，知县太多，纵不能如日本直隶国家，亦当如汉制领以巡抚，崇其品秩，任以从臣，上汰藩臬道府之冗员，下增六曹三老之乡秩，计月选不过数人，简拔何劳签部，清流向上，易于自爱，奏报直达，乃可举事，若明知冗员而不能更革，是虽有良法而无自推行。其余文书繁密之当删，卿寺冗闲之宜汰，堂官数人之当并，兼差数四之宜专，吏胥之宜易用士人，百官之宜终身专职，必使尽去具文，乃可施行实政。若犹用明代牵掣之法，必致贻政事丛脞之忧。然一旦而尽革官制，职有以知朝议之未能也。然令改易庶官，遍立诸学矣。而上下不交，缩弊不去，蠹在根本，终难自强。今之知县，品秩甚卑，所谓亲民者也。而书吏千数人，盘隔于内，山野数百里，辽隔于外，小民有冤，呼号莫达，书差讹索，堂署威严，长跪问讯，刑狱惨酷，乃至有人命沉冤，鬻子待质，而经年不讯者。若夫督抚之尊，去民益远，百县之地，为事更繁，积弊如山，疾苦如海，既已漫无省识，安能发之奏章，况一省一人，一月数折，闭塞甚矣。何以为治，枢臣位重事繁，又复远嫌谢客，皇上九重深邃，堂远廉高，自外之枢臣内之奄寺外，无得亲近，况能议论。小臣引见，仅望清光，大僚召见，乃问数语，天威俨穆于上，匍匐拳跪于下，屏气战栗，心颜震播，何以得人才而尽下情哉？每日办事，召见枢臣，限以数刻，皆须了决，伏跪屏气，敬候颜色，未闻反覆辨难，甚少穷日集思，天下甚大，事变甚微，皇上虽圣，岂无缺失？而限时以言事，拳跪以陈辞，虽有才贤，不能竭尽。当此时变，岂能宏济艰难哉？夫以无益之虚文，使人不能尽其才，甚非计也。古者三公坐而论道，从容燕坐，讲求经国，故能措施晏如，用成上治。夫行以知为本，高以下为基，不讲论则有行而无知，不燕坐则有高而无下，冥行必蹶，太高则危，尊严既甚，忌讳遂多，上虽有好言之诚，臣善为行意之媚，乐作太平颂圣之词，畏言危败乱贼之事。故人才隔绝而不举，积弊日深而不发，至中国败坏之由，外夷强盛之故，非不深知，实不敢言。昔黎庶昌奉使日本，有所条陈，但请亲王出游，总署不敢代递，其他关切皇上之事，皆知之而不言，言之而不达，达之而不动，动之而不行，皇上虽天亶聪明，皆为壅塞。欲坐一室而知四海，较中外而求自强，其道无由，夫天子所以为尊者，威棱远憺，四夷宾服，德泽流溢，海内乂安。上播祖宗之灵，下庇生民之命，盛德成功，传于后世，乃可尊耳。若徒隔绝才贤，威临臣下，以不见不动为尊，以忌讳壅塞为乐，则近之有土地不守人民不保之患，远之有徽钦蒙尘二世瓦解之祸。人情安于所习，蔽于所见，而祸败一来，悔无可及。职曩言皇上尊则尊矣，实则独立于上，皇上何乐此独尊？良为此也，夫使内示尊于奴隶，而外受辱于强邻，与内交泰于臣民，而外扬威于四海，孰得孰失，不待皇上之明，无不

戊戌政变记

能辨之者。夫天地交则泰，天地不交则否，自然之理也。历观自古开国之君，皆与民相亲，挽辂可以移驾，止辇可以受言，所以成一代之治也。自古危败之君，并与其臣相隔绝，隋炀之畏闻盗贼，万历之久不视朝，所以致国祚之倾也。伏读太宗文皇帝圣训，谓明主自视如天，臣下隔绝，是以致败，我国上下相亲，是以能强，呜呼！明室之所以亡，我朝之所以兴者，尽在此矣。孟子谓如耻之，莫如师文王。师文王，大国五年，小国七年，必为政于天下。盖文王之圣，与国人交，《鹿鸣》，文王之诗也。笙簧饮食，以臣为宾，故能成郅治，流美至今。夫太宗文皇帝，我朝之文王也。窃愿皇上师之，纡尊降贵，与臣民相亲，而以明季太尊为戒，天地既交，万物萌动，根本既净，堂构自立，百度昭举，自强可致矣。皇上若深观时变，稍降尊严，职所欲言者有五焉：一曰，下诏求言，破除壅蔽，罢去忌讳，许天下言事之人，到午门递折，令御史轮值监收，谓之上书处。如汉公车之例，皆不必由堂官呈递，亦不得以违碍阻格，永以为例。若言有可采，温旨褒嘉，或令召对，霁颜询问，庶辟门明目，洞见万里。二曰，开门集议，令天下郡邑十万户而推一人，凡有政事，皇上御门令之会议，三占从二，立即施行，其省府州县咸令开设，并许受条陈以通下情。三曰，辟馆顾问，请皇上大开便殿，广陈图书，每日办事之暇，以一时亲临燕坐。顾问之员，轮二十员分班侍值，皇上翻阅图书，随宜咨问，访以中外之故，古今之宜，经义之精，民间之苦，吏治之弊，地方之情，或齐威赐坐，或茶果颁食，令尽所知能，无有讳避，上以启圣聪，既广所未闻，下以观人才，即励其未学，令天下人才皆在左右，宰县奉使皆在特简，问其方略，责以成功，许其言事，严其赏罚，则人皆踊跃发愤，仰酬知同，治天下可运之掌矣，其顾问之员，一取于翰林，文学侍从，人才较多，闲散日甚，宜令轮值，一取于荐举，用世宗宪皇帝之法，令大臣翰詹科道下及州县各荐人才，凡有艺能皆得荐举，贵搜草泽，禁荐显寮，或分十科，俾无遗贤，虽或滥竽，必有异才，宜令轮值，其不称旨者随时罢去，其荒谬者罚其举主，一取于上书，其条陈可采，召对称旨者，与荐举人并称待诏，亦令轮值，一取于公推，集议之员，郡县分举，各熟情势，自多通才，亦令轮值。四曰，设报达聪，《周官》训方诵方掌诵方慝方志，庶周知天下，意美法良，宜令直省要郡各开报馆，州县乡镇亦令续开，日月进呈，并备数十副本发各衙门公览，虽宵旰寡暇，而民隐咸达，官慝皆知，中国百弊，皆由蔽隔，解蔽之方，莫良于是，至外国新报，能言国政，今日要事，在知敌情，通使各国著名佳报咸宜购取，其最著而有用者，莫如英之《太晤士》，美之《滴森》，令总署派人每日译其政艺以备乙览，并多印副本随邸报同发，俾百寮咸通悉敌情，皇上可周知四海。五曰，开府辟士，宰相之职，在于进贤，汉世三公，皆有曹掾，妙辟英贤，以为毗佐。故汉之公府，得人最盛，今之枢臣乃畏谨避，人与天下之才贤不接，岂能为拨乱之任哉。宜复汉制，令开幕府，略置官级，听其辟士，督抚县令，皆仿此制，其有事效，同升之公，庶几宰府多才，可助谋议，然后分遣亲近王公大臣游历，以资谙练，罢去官吏兼从阍役繁重，以示亲民，免严刑长跪，以恤民艰，厚俸禄养廉以劝吏耻，如是则顺天下之人心，发天下之民气，合天下之知以为知，取天下之才以为才，天下臣庶，欣喜舞蹈，奔走动色，乐事劝功，尊君亲上，然后兴举新法，经营再度，昭明融洽，天下一家，无几微之弊而不去，无几微之利而不举，惟皇上意之所欲为，无不如志矣。皇上果讲明不惑，断然施行，则致力之先后，成功之期效，皆可为皇上次第言之。先引咎罪己，以收天下之心。次赏功罚罪，以伸天下之气，然后举逸起废，求言广听，广顾问以尽人才，置议郎以通下情，数诏一下，天下雷动，想望太平，外国变色，敛手受约矣。三月之内，怀才抱艺之士，云集都中，强国救时之策，并伏阙下。皇上与二三大臣聚精会神，延引讲问，撮群言之要，次第推施，择群士之英，随器拔用，赏擢不次以鼓士气，沙汰庸冗以澄官方，于是简兼从，厚俸禄，增幕府，革官制，政皆疏通。立道学，开艺科，创译书，遣游学，教亦具举。征议郎则易于筹饷，而借民行钞皆可图，荣智学则各竭心思，而巧制精工可日出，然后铁路与邮政并举，开矿与铸银兼行，农学与商学俱开，使才与将才并蓄，皆于期岁之内，可以大起宏规，中土海禁久开，颇有艺学之士，分为教习，各赴荣途，至于三年，铁路之大段有成，矿产之察苗有绪，书藏遍设，报馆遍开，游学多归，新制纷出，诸学明备，人才并起，道路大辟，知识俱开，荒地渐垦，工院渐众，游民渐少，乞丐渐稀，童塾皆识字知算之人，农工有新制巧思之法，织布裁造，渐可收内地之利，商务轮舶渐可驰域外之观，然后练兵选将，测海制械，次第可讲矣。迟以十年，诸学如林，成才如麻，铁路罗织，矿产洋溢，百度举而风俗成，制造极精，创作极众，农业精新，商货四达，地无余利，人有余饶，枪炮船械之俱巧，训练驾驶之俱精，富教既举，武备亦修，夫以欧洲十六国，合其人数仅二万万，我乃倍之。以二千万之练兵，加数百艘之铁舰，扬威海外，谁能御之。凡此成功，可以克期而计效者也，然今左右贵近，率以资格致大位，多以安静为良图，或年已耆耄，精神渐短，畏言兴革，多事阻挠，必谓天泽当严，官制难改。求言求才，徒增干进之士。开院集议，有损君上之权。夫君贵下施，天宜交泰，冗官宜革，掣权非时，既已言之。若夫大考以诗赋超擢，馆选以楷法例授，同为干进，抑何取焉，况进言荐举之士，必多倜傥之才，遗大投艰之时，贵有非常之举，我圣祖仁皇帝开鸿博之科，正当滇乱之日，乃知圣人之宏谟，固非常人所识度也。岂可以一二滥竽而阻非常之盛举哉，至会议之士，仍取上裁，不过达聪明目，集思广益，稍输下情，以便筹饷。用人之权，本不属是，乃使上德之宣，何有上权之损哉？若谓皇上万机殷繁，宵旰勤劳，上书既众，报纸益多，既费顾问之时，安有披览之暇？岂知上书虽多，提纲先见，其无关政

戊戌政变记

要，派人阅读，其指陈切要，即于顾问之处，可以集众讲求，其有燕暇，随意阅报，但使得备乙览，已可风化肃然，吏不怀奸，人皆自励矣。若狃于俗说，不能扫除，则举事无人，百弊丛积，稍变一二，终难补苴，而民日以贫，兵日以弱，士日以愚，国日以蹙，强夷环逼于外，会匪蔓延于内，五年之间，江、浙、闽、广、滇、桂恐不能保。十年之内，皖、楚、辽、藏、蒙、回亦虑变生。二十年后，败坏非所敢知矣，此尚言其常者，若瓦解之患，则旦夕可致，殷鉴不远，即在前明，得失之效如此，皇上果何择焉。窃闻皇上触念时艰，顿足忧叹，惕励之心，达著于外，推此一念，可以大有为也，然有自强之心而不能充，居莫强之势而不能用，窃为皇上惜之，尝推皇上有忧危之心，而不能赫然愤发扫除更张者，大半牵于庸臣无动为大之言。容悦谨媚之习，夫诸臣当有事则束手无策，坐受缚割，当无事则容媚畏谨，苟持禄位，今者在皇上则土地已割矣，在诸臣则富贵无恙也。方其私忧窃叹，亦有危心，无如畏谨成风，迫为容悦。诗说谓与师处者帝，与友处者王，与奴隶处者亡，皇上日与容悦之臣处，惟有拜跪唯诺使令趋走而已，安得不致今日之事哉？上尊下媚，中塞外侮，谋略不能用，逆耳不能入，以此而求自强，犹之楚而北行，其道背矣，然二十年来粉饰承平，大臣皆非以才能进用，率以年资累官，但以供文字奔走之劳，本不能责以旋乾转坤之任，惟在皇上内审安危，断自圣衷而已。夫中国人主之权，雷霆万钧，惟所转移，无不披靡。昔齐桓公好紫，举国皆服，秦武王好勇士，举国尚斗。今以楷法诗文驱天下，而人士皆奔走风从，然则抚有四万万人，何施而不可，何欲而不得哉？又视皇上所措而已，皇上居可为之位，有忧愤之心，当万难少缓之时，处不能自已之势，不胜大愿，伏乞皇上讲明理势之宜，对较中外之故，特奋乾断，龚行天健，破积习而复古义，启堂构而立新基，无为旧俗所牵，无为庸人所惑，纡降尊贵，通达下情，日见贤才，日求谠论，以整纪纲而成大化，雪仇耻而扬天威，宗庙幸甚，天下幸甚，职疏逖小臣，岂敢妄参大计，但目击国耻，忧思愤盈，栋折榱坏，同受倾压，今将南归，感激圣明，瞻望宫阙，眷恋徘徊，不能自已。用敢再竭愚诚，冀补万一，其推行之节目，经理之章程，琐细繁重，不能详及，如蒙垂采，或赐召对，当别辑书进呈，不胜冒昧战栗之至。伏乞代奏皇上圣鉴。谨呈。光绪二十一年闰五初八日。

此书既不克上达，康有为以为望变法于朝廷，其事颇难。然各国之革政，未有不从国民而起者，故欲倡之于下，以唤起国民之议论，振刷国民之精神，使厚蓄其力，以待他日之用。于是自捐资创《万国公报》于京师，遍送士夫贵人，与梁启超、麦孟华撰之，日刊送二千份。又倡设强学会于北京，京朝士大夫集者数十人，每十日一集。集则有所演说，时张之洞为南洋大臣，闻而善之，寄五千金以充会中之用，时京师无有为报者，中国士夫无有为会者，有之，皆自康有为创

戊戌政变记

之，然大学士徐桐、御史褚成博等咸欲劾之。九月，康有为出京游南京，说张之洞谋设强学分会于上海，张大喜，会遂成，此会所办之事为五大端，一译东西文书籍；二刊布新报；三开大图书馆；四设博物仪器院；五建立政治学校；我国之有协会有学社自此始也，今将康有为所撰强学会序文录于下：

俄北瞰，英西睒，法南瞵，日东眈，处四强邻之中而为中国，汲汲哉，况磨牙涎舌思分其余者尚十余国；辽台茫茫，回变扰扰，人心皇皇，事势儳儳，不可终日。昔印度，亚洲之名国也，而守旧不变，英人以十二万金之公司通商而墟五印矣。昔土耳其，回部之大国也，疆土跨亚、欧、非三洲而守旧不变，为六国执其政剖其地废其君矣。其余若安南、缅甸，若高丽，若琉球，若暹罗，若波斯，若阿富汗，若俾路芝，及国于太平洋群岛非洲者凡千数百计，今或削或亡，举地球守旧之国，盖已无一瓦全者矣。我中国羼卧于群雄之中，鼾寝于火薪之上，政务防弊而不务兴利，吏知奉法而不知审时，士主考古而不主通今，民能守旧而不能行远。孟子曰："国必自伐而后人伐之。"蒙盟、奉、吉、青海、新疆、卫藏土司围缴之守，咸为异墟。燕、齐、闽、浙、江、淮、楚、粤、川、黔、滇、桂，膏腴之地，悉成盗粮，吾为突厥人不远矣。西人最严种族，薄视非类，法之得越南也，绝越人科举富贵之路，昔之达宦，今作贸丝也。英之得印度百年矣，而英民所得自由之权利，印人无一能得，芸芸土著，畜若牛马，若吾不早图，倏忽分裂，则桀黠之辈，王谢沦为左衽，忠愤之徒，原却夷为皂隶，伊川之发，骈阗于万方，钟仪之冠，萧条于千里，三州父子，分为异域之奴，杜陵弟妹，各衔乡关之慼，哭秦庭而无路，餐周粟而匪甘。矢成梁之家丁，则螳臂易成沙虫，觅泉明之桃源，则寸埃更无净土，肝脑原野，衣冠涂炭，嗟吾神明之种族，岂可言哉，岂可言哉！夫中国之在大地也，神圣绳绳，国最有名，义理制度，文物驾于四溟，其地之广于万国等在三，其人之众等在一，其纬度处温带，其民聪而秀，其土腴而厚，盖大地万国未有能比者也，徒以风气未开，人才乏绝，坐受陵侮。昔曾文正与倭文端诸贤讲学于京师，与江忠烈、罗忠节诸公讲练于湖湘，卒定拨乱之功。普鲁士有爱国之会，遂报法仇，日本有尊攘之徒，用成维新。盖学业以讲求而成，人才以摩历而出，合众人之才力，则图书易庀，合众人之心思，则闻见易通，《易》曰：君子以朋友讲习。《论语》曰：百工居肆以成其事，君子学以致其道。海水沸腾，耳中梦中，炮声隆隆，凡百君子，岂能无沦胥非类之悲乎？图避谤乎闭户之士哉，有能来言维新乎？岂惟圣清二帝三王孔子之教，四万万之人将有托耶。

盖中国人向来闭关自守，绝不知本国危险之状，即有一二稍知之者，亦以为国家之祸，于己无与，盖习闻前朝易

戊戌政变记

姓革命故事，其降服新朝者皆可复得本官，民间亦安土乐业，以为虽不幸而亡国，亦不过如是，而不知今日西人之灭人国，大异于昔时也。康有为撰此开会主义书，痛陈亡国以后惨酷之状，以激厉人心。读之者多为之下泪，故热血震荡，民气渐伸，而守旧之徒恶之，御史杨崇伊上奏劾其私立会党，显干例禁，请旨查封，计北京强学会仅开四月，上海强学会仅开月余，至乙未十一月遂被禁止。盖吾国维新之起点，在于斯举，而新旧党之相争亦起于斯矣。

附录二　湖南广东情形

中国苟受分割，十八行省中可以为亡后之图者，莫如湖南、广东两省矣。湖南之士可用，广东之商可用，湖南之长在强而悍，广东之长在富而通。余广东人也，先言广东。

守旧之徒，淡及洋人则嫉之如仇，与洋人交涉则畏之如虎。此实顽固党之公例也，广东为泰西入中国之孔道，濠镜一区，自明代已为互市之地，自香港隶属于英，白人之足迹益繁，故广东言西学最早，其民习与西人游，故不恶之，亦不畏之，故中国各部之中，其具国民之性质，有独立不羁气象者，惟广东人为最。

中国内地之人，爱国之心甚弱。其故皆由大一统已久，无列国生存竞争之比较，而为之上者又复从而蒙压之，故愚民之见，以为己国之外更无他国，如是则既不知有国矣，何由能生其爱哉？故中国人乏爱国心者，非其性恶也，愚害之也。广东人旅居外国者最多，皆习见他邦国势之强，政治之美，相形见绌，义愤自生，故中国数年以来，朝割一省，夕割一郡，内地之民，视若无睹，耐旅居外国之商民，莫不扼腕裂眦，痛心疾首，引国耻如己耻者，殆不乏人。然则欲验中国人之果有爱国之心与否，当于广东人验之也。

中国人工作之勤，工价之廉，而善于经商，久为西人所侧目，他日黄种之能与白种抗衡者殆恃此也。然于中国人之中，具此美质者，亦惟广东人为最。又其人言语与他省不同，凡经商于外国者，乡谊甚笃，联合之力甚大。前者中国曾两次派遣学生留学美国，后虽半途撤归，而学生自备资斧，或佣工于人，持其工资以充学费，终能卒业者，尚不乏人。其人皆广东产为多，因中国弃而不用，今率皆沦落异国，其实此中不无可用之才也。

湖南以守旧闻于天下，然中国首讲西学者，为魏源氏、郭嵩焘氏、曾纪泽氏，皆湖南人，故湖南实维新之区也。发逆之役，湘军成大功，故嚣张之气渐生，而仇视洋人之风以

· 163 ·

起。虽然，他省无真守旧之人，亦无真维新之人，湖南则真守旧之人固多，而真维新之人亦不少。此所以异于他省也。

　　湖南向称守旧，故凡洋人往游历者动见杀害，而全省电信、轮船皆不能设行。自甲午之役以后，湖南学政以新学课士，于是风气渐开，而谭嗣同辈倡大义于下，全省沾被，议论一变。及陈宝箴为湖南巡抚，其子陈三立佐之，黄遵宪为湖南按察使，江标任满，徐仁铸继之为学政，聘梁启超为湖南时务学堂总教习，与本省绅士谭嗣同、熊希龄等相应和，专以提倡实学，唤起士论，完成地方自治政体为主义。今将去年十二月梁启超上陈宝箴一书，论湖南应办之事者录于下。览者可以见湖南办事之情形焉：

　　　　今之策中国者必曰兴民权，斯固然矣。然民权非可以旦夕而成也，权者生于智者也，有一分之智，即有一分之权，有六七分之智，即有六七分之权，有十分之智，即有十分之权，是故国即亡矣，苟国人之智与灭我之国之人相等，则彼虽灭吾国，而不能灭吾权。阿尔兰之见并于英人是也，今英伦之人应享利益，阿尔兰人无不均沾也。即吾民之智不能与灭我之国之人相等，但使其智日进者则权亦日进，印度是也。印度初属于英，印人只能为第六七等事业，其第五等以上事业，皆英人为之。凡官事私事莫不皆然，如一衙署则五等能上官皆英人，一公司则总办帮办及高等司事皆英人也。近则第二等以下事业，皆印人所为矣。其智全塞者，则其权全亡。非洲之黑人，墨洲之红人，南洋之棕人是也。此数种者只见其为奴隶为牛为马，日渐月削，数十年后，种类灭绝于天壤耳。更无可以自立之时矣。夫使印度当未亡之时，而其民智慧即能如今日，则其蚤为第二等人也久矣，使其有加于今日，则其为第一等人也亦已久矣。是故权之与智相倚者也。昔之欲抑民权，必以塞民智为第一义。今日欲伸民权，必以广民智为第一义。湖南官绅有见于民智之为重也，于是有时务学堂之设。意至美矣，然于广之之道则犹未尽也。学堂学生只有百二十人，即使一人有一人之用，其为成也亦仅矣。而况此辈中西兼习，其教之也当厚植其根柢，养蓄其大器，非五年以后，不欲其出而与闻天下事也。然则此五年中，虽竭尽心力以教之，而风气仍不能出乎一学堂之外，昭昭然矣。故学生当分为二等，其一以成就远大，各有专长，各有根柢为主，此百二十人是也。其一则成就不必其远大，但使于政学之本原，略有所闻，中外之情形，无所暗蔽，可以广风气，消阻力，如斯而已。由前之说，则欲其精，由后之说，则欲其广。大局之患，已如燎眉，不欲湖南之自保则已耳；苟其欲之，则必使六十余州县之风气，同时并开，民智同时并启，人才同时并成，如万军齐力，万马齐鸣，三年之间，议论悉变，庶几有济，而必非一省会之间，数十百人之力，可以支持，有断然矣。则必如何然后能如此？就其上者言之，一曰朝廷大变科举，二曰州县遍设学堂，斯二者行，顷刻全变。而非今日之所能言矣，有官绅之力所可及，而其成效之速，可以与此二事相去不远者。一曰全省书院，官课、师课改课时务也。以岳麓求贤之改章，及孝廉堂

· 165 ·

之为学会，士林举无间然，然则改课亦当无违言必矣。官课师课全改，耳目一新，加以学政所至，提倡新学，两管齐下，则其力量亚于变科举者无几矣。二曰学堂广设外课，各州县咸调人来学也，州县遍设学堂，无论款项难筹，即教习亦无从觅聘，教习不得人讲授，不如法劳而少功，虽有若无耳。以余所见，此间各处书院诸生讲习经年，而成就通达者，寥寥无几，大约为开风气起见，先须广其识见，破其愚谬，但与之反复讲明政法所以然之理。国以何而强，以何而弱，民以何而智，以何而愚，令其恍然于中国种种旧习之必不可以立国。然后授以东西史志各书，使知维新之有功，授以内外公法各书，使明公理之足贵，更折衷于古经古子之精华，略览夫格致各学之流别，大约读书不过十种，为时不过数月，而其见地固已甚莹矣，乃从而摩激其势力，鼓厉其忠愤，使以保国保种保教为己任。以大局之糜烂，为身之耻疚，持此法以教之，间日必有讲论。用禅门一棒一喝之意，读书必有札记，仿安定经义治事之规。半年以后，所教人才，可以拨十得五，此间如学堂学生鼓箧不过月余耳，又加以每日之功，学西文居十之六。然其见识议论则已殊有足观者，然则外课成就之速更可冀矣。大抵欲厚其根柢学巅门之业，则以年稚为宜，欲广风气观大略速其成就，则以年稍长为善，盖苟在二十以上，于中国诸学曾略有所窥者，则其脑筋已渐开，与言政治之理皆能听受，然后易于有得，故外课生总以不限年为当。前者出示在此间招考，仅考两次，已迫岁暮，来者百余人，可取者亦三十人。然设此课之意，全在广风气，其所重者在外府州县，故必由学政按临所至，择其高才年在三十以下者，每县自三人至五人咨送来学，其风始广。然各府辽远，寒士负笈之资，固自不易，愚意以为莫如合各州县为具川资，咨送到省，每岁三五人之费，为数无几，虽瘠苦之县，亦不至较此区区，到省以后，须谋一大厦使群萃而讲习，若学堂有余力则普给膏火，否则但给奖赏而已。（如不给膏火，则须问其愿来与否，乃可咨送）此项学生速则半年，迟则一年，即可遣散，另招新班，择其学成者授以凭记，可以为各县小学堂教习，一年之后，风气稍成，即可以饬下各州县，每县务改一书院为学堂，三年之间，而谓湘人犹有嫉新学如仇与新学为难者其亦希矣。二曰遣学生游学外国，时务学堂内课诸生，既授之以经史大义，厚其中学之根柢，养成其爱国之热心，则当遣往外国学政治、法律、财政、行政学、兵法诸专门，先选其优秀者以五十人为额，为第一班，第二年续有高才，则续选五十人为第二班，凡设四班，合为二百人，以四年分遣之，每留学者以四年为率，及其归也以之治湖南一省之事，人才固恢然有余，即为全国之用，亦可庶几矣。若虑经费难筹，则先游学日本，日本虽小国，而三十年来智学之进，骎骎焉追及欧溯，我但先学日本，亦已足为吾目前之用矣。

欲兴民权，宜先兴绅权，欲兴绅权，宜以学会为之起点，此诚中国未尝有之事，而实千古不可易之理也。夫以数千里外渺不相属之人，而代人理其饮食讼狱之事，虽不世出之才，其所能及者几何矣。故三代以上，悉用乡官。两汉郡守，得以本郡人为之，而功曹掾吏，皆不得用它郡人，此古法之最善者，今之西人莫不如是。唐宋以来，防弊日密，于是悉操权于有司，而民之视地方公事，如秦越之人视肥瘠矣。今欲更新百度，必自通上下之情始，欲通上下之情，则必当复古意采西法重乡权矣，然亦有二虑焉，一曰虑其不能任事，二曰虑其藉此舞文也。欲救前弊，则宜开绅智。欲救后弊，则宜定权限。定权限者何？西人议事与行事分而为二，议事之人，有定章之权，而无办理之权。行事之人，有办理之权，而无定章之权，将办一事，则议员集而议其可否，既可乃议其章程，章程草定，付有司行之，有司不能擅易也。若行之而有窒碍者，则以告于议员议而改之。西人之法度，所以无时不改。每改一次，则其法益密。而其于民益便，盖以议事者为民间所举之人也。是故有一弊之当革，无不知也，有一利之当兴，无不闻也。其或有一县一乡之公益，而财力不能举者，则议员可以筹款而办之，估计其需费之多少而醵之于民焉，及其办成也，则将其支用款项列出清单，与众人共见，未有不愿者。譬之一街之中，不能无击柝之人，于是一街之户宅集议，各出资若干而雇一人为之；一乡之中，欲筑一桥修一路，于是一乡之户宅集议，或按田亩，或按人丁，各出资若干而动工为之，未有不愿耆也。推而大之而一县而一省而一国莫不如是，西人即以此道治一国者也。（吾中国非不知此法，但仅以之治一乡治一街，未能推广耳。）故每月应筹款项，皆待命于下议院，下议院则筹之于民，虽取之极重，而民无以为厉己者。盖合民财以办民事，而为民所信也。民亦知此事之有益于己，非独力所能办，故无不乐输以待上之为我成之也。（如一街四十户，每户月输一百，即得四千，可以用一击柝之人以为己保护财产。若非得一人总任其事，则虽每户月自出二百，仍不能用一人。）故有乡绅为议事，则无事不可办，无款不可筹，而其权则不过议此事之当办与否，及其办法而已。及其办之也，仍责成于有司，如是则安所容其舞文也？至于讼狱等事，则更一委之于官，乡绅只能为和解，或为陪审人员，而不能断其谳，然则又何舞文之有乎？西人举国而行之，不闻有弊，则亦由权限之划定而已。开绅智者何？民间素不知地方公事为何物，一切条理皆未明悉，而骤然授之使其自办，是犹乳哺之儿而授之以杯箸，使自饮食，其殆必矣。故必先使其民之秀者日习于公事，然后举而措之裕如也。今中国之绅士使以办公事，有时不如官之为愈也，何也？凡用绅士者，以其于民间情形熟悉，可以通上下之气而已。今其无学无智，既与官等，而情伪尚不如官之周知，然则用之何为也？故欲用绅士，必先教绅士。教之惟何？惟一归之于学会而已，先由掌会绅董各举所知品行端方，才识开敏。绅士每州县各数人，咸集省中入南学会。会中广集书籍图器，定有讲期定有功课，长官时时临莅以鼓厉之，多延通人为之会长。发明中国危亡之放，西方强盛之由，考政治之本原，讲办事之条理，或得有电报，奉有部文，非极秘密者，则交与会中俾学习议事，一切新政将举办者，悉交会中议其可办与否，决议其办法，次议其筹款之法，次议其用人之法，日日读书，日日治事，一年之后，会中人可任为议员者过半矣。此等会友亦一年后除酌留为总会议员外，即可分别遣散，归为各州县分会之议员，复另选新班在总会学习。绅智既开，权限亦定，人人既知危亡之故，人人各思自保之道，合全省人之聪明才力，而处心积虑，千方百计，以求办一省之事，除一省之害，捍一省之难，未有不能济者也。

绅权固当务之急矣，然他日办一切事，舍官莫属也，即今日欲开民智，开绅智，而假手于官力者，尚不知凡几也。故开官智又为万事之起点，官贫则不能望之以爱民，官愚则不能望之以治事，闻黄按察思所以养候补官，优其薪水之法，此必当速办者也，既养之则教之，彼官之不能治事，无怪其然也。彼胸中曾未有地球之形状，曾未有欧洲列国之国名，不知学堂工艺商政为何事，不知修道养兵为何政，而国家又不以此考成，大吏又不以此课最，然则彼亦何必知之，何必学之，举一省之事而委之此辈未尝学问无所知识之人之手，而欲其事之有成，是犹然薪以止沸，却行而求前也，而无如不办事则已，苟办事则其势不能不委之此辈之手，又不可以其不能办而不办也。然则将如之何？曰教之而已矣。教官视教士难，彼其年齿已老，视茫发苍，习气极深，宦情熏灼，使之执卷伏案，视学究之训顽童，难殆甚焉。然教官又视教士易，彼其望长官如天帝，觊缺差若九鼎，宫中细腰，四方饿死，但使接见之时，稍为抑扬，差委之间，微示宗旨，虽强之以不情之举，犹将赴汤蹈火以就之，而况于导之以学乎？故课吏堂不可不速立，而必须抚部为之校长，司道为之副校长，其堂即设在密迩抚署之地，每日或间一二日，必便衣到堂，稽察功课，随时教诲。最善者莫如删堂属之礼，以师弟相待，堂中陈设书籍，张挂地图，各官所读之书，皆有一定，大约各国约章，各国史志，及政学、公法、农工、商兵、矿政之书，在所必读。多备报章，以资讲求，各设札记，一如学堂之例。延聘通人为教习，评阅功课，校长及副校长随意谈论，随意阅札记，或阅地图而与论其地之事，或任读一书而与论其书之美恶，听其议论而可以得其为人矣。而彼各官者恐功课不及格而获谴，恐见问不能答而失意，莫不争自濯磨，勉强学问矣。教之既熟，必有议论明达，神气坚定者出矣。或因好学而特予优差，或因能任事而委之繁缺。数月之后，家弦诵而人披吟矣。闻曾文正每日必有一小时与幕府纵谈，若有事应商，则集幕府僚属使之各出意见，互相辩论。文正则不发一言，归而采之，既可于此事集思广益，复可见其人之议论见地。骆文忠则每集司道于一圆桌，令以笔墨各陈所见。岑襄勤、丁雨生之办事如训蒙馆然，聚十数幕友于一堂，陈十数几桌，定时刻治事，随到随办，案无留牍，此诚治事之良法也。今日之中国，亦颇苦于礼矣，终日之晷刻，消磨于衣冠应酬迎送之间者不知凡几，交受其劳，而于事一无所补。日日议变法，此之不变，安得有余日以任应办之事乎？是宜每日定有时刻，在课吏堂办事，一切皆用便衣，凡来回事者立谈片刻，不迎不送，除新到省衣冠一见外，其余衙门例期悉予停免，有事咸按时刻在堂中相见，则形骸加适，而治事加多，斯实两得之道也。至实缺各官，关系尤重，既未能尽取而课之，亦必限以功课，指明某书令其取读，必设札记，读书治事二者并见。须将其读书所有心得，及本县人情物产风俗咸著之札记中，必须亲笔，查有代笔者严责。（难者必以为实缺官，身任繁剧，安能有此休暇，不知古人仕优则学，天下断无终年不读书而可以治事之理，每日苟定出时刻，以一两点钟读书，未必即无此暇晷也。）频颁手谕，谆谆教诲，如张江陵与疆臣各书，胡文忠示属员各谕，或以严厉行之，或以肫诚出之，未有不能教诲者也。吏治之息散久矣，参劾则无人可用，亦不可胜劾，其无咎无誉，卧而治之，无大恶可指者，亦常十居六七焉。夫立木偶于庭，并水不饮，其廉可谓至矣，然而不能为吏者，吏者治事者也。吏不治事，即当屏黜，岂待扰民哉？虽然治事者必识与才兼然后可云也。若并不知有此事，不知此事之当办，则曷从治之？未尝讲此事之办法，则曷从治之？西国治一事则有一事之学堂，既学成而后授以事矣，然其每日办事之暇，未尝有一日废书者，（不读书则看报，贵至君主，贱至皮匠，莫不皆然。）今国人士自其鼓箧之始，则已学非所用，用非所学，及一入宦途，则无不与书卷长别，传曰，子有美锦不使人学制焉，一官一邑，身之所庇也，而使学制焉，又况于终其身而不学者乎，中国一切糜烂，皆起于此，而在位者杳焉不自觉，今日兴一新法，明日兴一新法，而于行法之有人与否，漠然而不之计，此真可为痛哭流涕者也。以上三端，一曰开民智，二曰开绅智，三曰开官智，窃以为此三者乃一切之根本，三者毕举，则于全省之事，若握裘挈领焉矣。至于新政之条理，则多有湖南所已办者，如矿务轮船学堂练兵之类；或克日开办者，如学会、巡捕、报馆之类；或将办而尚有阻力者，如铁路之类；或已办而尚须变通扩充者，如钞票制造公司之类，今不必述，而窃以为尚有极要者二事：一曰开马路，通全省之血脉，则全省之风气可以通，全省之商货可以出。二曰设劝工博览场，取各府州县天产人工之货聚而比较之，工艺精者优加奖励，长沙古称贫国，而五代马氏即恃工商以立邦，今欲易贫而富，则非广励工商末由也。今全省无论已办将办未办各事，除绅士协办外，苟经官手，则几无事不责成于一二人。其事至繁，其势至散，一人之精神，有万不能给之势，然舍此则又无可倚畀。鄙意以为宜设一新政局，（各省有洋务局之称，其名最不雅驯，不可用）一切新政皆总于其中，而使一司道大员为总办，令其自举帮办以下之人，事归一线，有条不紊，或稍易为力也。

此书即为湖南办事之起点，后此湖南一切事，皆依此书

次第行之，而南学会尤为全省新政之命脉，虽名为学会，实兼地方议会之规模，先由巡抚派送本地绅士十人为总会长，继由此十人各举所知，展转吸引以为会员。每州每县皆必有会员三人至十人之数，选各州县好义爱国之人为之。会中每七日一演说，巡抚学政率官吏临会，黄遵宪、谭嗣同、梁启超及学长□□□等轮日演说中外大势政治原理行政学等，欲以激发保教爱国之热心，养成地方自治之气力，将以半年之后，选会员之高等，留为省会之会员。其次者则散归各州县为一州一县之分会员，盖当时正德人侵夺胶州之时，列国分割中国之论大起，故湖南志士人人作亡后之图，思保湖南之独立，而独立之举，非可空言。必其人民习于政术，能有自治之实际然后可。故先为此会以讲习之，以为他日之基，且将因此而推诸于南部各省。则他日虽遇分割，而南支那犹可以不亡。此会之所以名为南学也。当时所办各事，南学会实隐寓众议院之规模，课吏堂实隐寓贵族院之规模，新政局实隐寓中央政府之规模，巡抚陈宝箴，按察使黄遵宪皆务分权于绅士，如慈母之煦覆其赤子焉。各国民政之起，大率由民与官争权，民出死力以争之，官出死力以压之，若湖南之事势，则全与此相反，陈、黄两公本自有无限之权，而务欲让之于民，民不自知其当有权，而官乃费尽心力以道之，此其盛德殆并世所希矣。今将黄遵宪在南学会演说之语及谭嗣同在湘报中所撰之论说，照录于下，可以见当时之苦心矣。

黄遵宪南学会第一次讲义

诸君诸君，何以谓之人？人飞不如禽，走不如兽，而世界以人为贵，则以禽兽不能群，而人能合人之力以为力，以制伏禽兽也。故人必能群而后能为人。何以谓之国？分之为一省一郡，又分之为一邑一乡，而世界之国，只以数十计，则以郡邑不足以集事，必合众郡邑以为国，故国以合而后能为国。

自周以前，国不一国，要之可名为封建之世，世爵世禄世官，即至愚不道。如所谓生于深宫之中，长于妇人之手，骄淫昏昧，至于不辨菽麦，亦腼然肆于民上，而举国受治焉。此宜其倾覆矣，而或传祀六百，传年八百，其大夫士之举国同休戚者无论矣。而农以耕稼世其官，工执艺事以谏其上，一商人耳，亦与国盟约，强邻出师，辄以乘韦而伐其谋。大国之卿，求一玉琼而吝弗与，其上下亲爱，相维相系乃如此。此其故何也，盖国有大政，必谋及卿士，谋及庶人，而国人曰贤，国人曰杀，一刑一赏，亦与众共之也。故封建之世，其传国极秘，而政体乃极公也。

自秦以后，国不一国，要之可名为郡县之世，郡县之世，设官以治民，虑其不学也，先之以学校；虑其不才也，继之以科举；虑其不能也，于是有选法；虑其不法与不肖也，于是有处分之法，有大计之法，求官以治民，亦可谓至周至密至纤至悉矣。然而彼入坐堂皇，出则呵道者，吾民之疾病祸难困苦颠连，问其所以，瞠目不能答也。即官之昏明贤否勤惰清浊，询之于民，民亦不能知也，沟而分之，界而判之，曰此官事，此民事。积日既久，官与民无一相信，寝假而相怨、相谤、相疑、相诽。遂使离心离德、壅蔽否塞？泛泛然若不系之舟，听民之自生自杀自教自养，官若不相与者，而不贤者复舞文弄法，乘权以肆虐，以民为鱼肉，以己为刀砧，至于晚明有破家县令之称。民反以官为扰，而乐于无官，此其故何也？官之权独揽，官之势独尊也。凡上下相交之政，如所谓亭长、三老、啬夫、里老、粮长近于乡官者，皆无有也。举一府一县数十万人之命，委之于二三官长之手。曰是则是，曰非则非，而此二三官长者，又委之幕友、书吏、家丁、差役之手而卧治焉，而画诺坐啸焉，国乌得而治？故郡县之世，其设官甚公，而政体则甚私也。

诸君诸君，诸君多有读二十四史者，名相、良将、能吏、功臣，可谓繁伙矣。惟读至循吏传，则不过半卷耳，数十篇耳，二三十人耳。无地无官，无时无官。汉唐宋明，每朝数百年，所谓循吏者只有此数。岂人性殊哉？抑人材不古若欤？尝考其故，一则不相习也。本地之人，不得为本地之官，自汉既有三互之法，如今之回避。至明而有南北互选之法，赴任之官，动数千里，土风不谙，山川不习，一切俗禁，茫然昧然。余尝见一广东粮道，询其惯否，彼谓饮食衣服均不相同，嗜欲不通，言语不达，出都以后，天地异色，妻奴僮仆，日夕怨叹，惟愿北归，以如此之人，而求其治民，能乎不能？此不相习之弊。一则不久任之弊也，今制以三年为一任，道府以下，不离本省，是朝廷固知不久任之弊矣。然而州县各官，员多缺少。朝令附郭，夕治边地，或升或迁，或调或降，或调剂，或署理，或代理，或兼摄，甫知其利，甫知其弊，尚有所用为，而舍此而他去矣。而贤长官量其时之无几，力之所不能，亦遂敛手退缩而不敢动，又况筑台者一篑而九仞，移山者由子而逮孙，凡大政事大兴革，非一朝一夕之所能为，虑其半途而废也，中道而止也，前功之尽弃也，则亦惟置之度外，弃之不顾耳。明之循吏，昔推况钟，其治苏州凡十九年，闻辕门鼓乐嫁女，乃曰："吾来此时，此女甫乳哺耳。"惟久于其任，乃以循吏称。今安得有十九年之知府耶？诸君试思之，不相习与宴会时之生客何异？不久任与逆旅中之过客何异？然而皆尊之为官矣。

嗟夫嗟夫，余粤人也，粤为边地，谚有之曰："天高帝远。"皆不知朝廷，只知有官长耳，亦不知官为谁何名字，但见入坐堂皇，出则呵道者，则骇而避之。举吾等之身家性命田园庐墓，尽交给于其手而受治焉。譬之家有家长，子孙数十人，家长能食我、衣我、妻室我、田宅我，为子弟者将一切惰废，万事不治，尽仰给于家长耶？抑将进德修业，以自有成立耶？诸君诸君！此不烦言而决，不如子弟之自期成立明矣。委之于家长犹且不可，乃举吾之身家性命田园庐墓，委之于宴会之生客，逆旅之过客，而名之为官者，则乌乎其可哉？然则如之何而后可，所求于诸君者，自治其身，自治其乡而已矣。某利当兴，某弊当革，学校当变，水利当筹，商务当兴，农事当修，工业当劝，捕盗当讲求，以闹教滋祸者为家难，以会匪结盟者为己忧。先事而经画，临

戊戌政变记

事而绸缪，此皆诸君之事，孟子有言，匹夫匹妇，不被其泽，若己推而纳之沟中，况吾同乡共井之人，而不思援手耶？范文正做秀才时，便以天下为己任，况一乡一邑之事，而可诿其责耶？顾亭林言风教之事，匹夫与有责焉。曾文正公论才亦以风俗为士夫之责，愿与诸君子共勉之而已。

诸君诸君，能任此事，则官民上下，同心同德，以联合之力，收群谋之益，生于其乡，无不相习、不久任之患，得封建世家之利，而去郡县专政之弊，由一府一县推之一省，由一省推之天下，可以追共和之郅治，臻大同之盛轨。余之言略尽于此，而尚有极切要之语为诸君告者，余今日讲义，誉之者曰开民智，毁之者曰侵官权，欲断其得失，一言以蔽之曰，公与私而已。诸君能以公理求公益，则余此言不为无功，若以私心求私利，彼擅权恃势之官，必且以余为口实，责余为罪魁，乞诸君共鉴之，愿诸君共勉之而已。诸君诸君，听者听者。

谭嗣同记官绅集议保卫局事。

今夫舍其官权，略其势位，弃其箝轭民刀俎民之文若法，下与士民勤勤然谋国是，共治理，以全生而远害，初若不知己之为官，而官之可以箝轭刀俎民也者，世必曰天下乌有此不智之官矣。然而舍其官权，略其势位，决弃其箝轭民刀俎民之文若法，下与士民勤勤然谋国是，共治理，以全生而远害，初若不知己之为官，而官之可以箝轭刀俎民也者，而士与民方窃窃焉疑之议之远避之。曰奈何不箝轭我而刀俎我也，则宁得曰此天下之智士之智民乎？善乎唐才常之论保卫局也，曰泰西日本之有警察部也，长官主之，与凡议院章程不同，平心而论，此事本官权可了，而中丞陈公、廉访黄公必处处公之绅民者，盖恐后来官长视为具文，遂参以绅权，立吾湘永远不拔之基，此尤大公无我至诚至信之心，可以质鬼神，开金石，格豚鱼。夫欲兴绅权，遂忘其为削己之官权，为人而遗己，宁非世俗所谓愚者乎？而廉访黄公与观察况公桂馨、黄公炳离，则犹恐绅之弗受其权也。而集诸绅士于保甲局，反复引喻，终日不倦，且任之曰，某为董事，某为董事，听者感动兴起，皆思有以自效，攄虑发谋，各陈其臆。盖罔不动中机宜矣。顾嗣同尤有大忧奇惧腐心泣血不忍言而又不忍不言者，遂扬言曰：保卫局之善，唐氏言之详矣，吾不赞言，言其大者，事之大有如国之存亡乎？则胡不见台湾乎？一旦豁弃，所谓官者皆相率内渡矣。又不见山东乎，虽巡抚总兵之尊，且褫职去位矣，故世变至无常，而官者至不可恃者也，官以遵奉朝旨为忠，以违抗朝旨为罪，不幸复有台湾、山东之事，官惟有褫被而去耳，岂能为我民而少迟回斯须哉？斯时也，则任外人之戎马蹴踏我，任外人之兵刃脔割我，谁为我父母而护翼我，谁为我长上而捍卫我，虽呼天抢地于京观血海之中，宛转哀号，悔向者之不早自为之谋，而一听之官之非计，岂有及哉，岂有及哉？然则乘此嶮巇之短景，预防眉睫之急焰，官又假我以有可为之权，我不速出而自任而谁任矣？夫当速出而自任，宁止保卫一局，而保卫局特一切政事之起点，而治地方之大权也。自州县官不事事，于是有保甲局之设，其治地方之权，反重于州县官，今之所谓保卫，即昔之所谓保甲。特官权绅权之异焉耳，夫治地方之大权，官之所以为官者此而已。今不自惜若此，岂真官之不智哉？亦诚自料不能终护翼我捍卫我，又不忍人之蹂踏我脔割我，而出此万不得已之策，以使我合群通力，萃离散，去塞蔽，先清内治，保固元气，庶几由此而自生抵力，以全其身家，此其用意之深而苦，亦至可感矣。且闻之公法家，凡民间所办之事，即他人入室，例不得夺其权，是则历常变而不败者，又舍是末由也。议既终，吾请濡笔记之，且正告吾绅吾士吾民曰：吾愿睹吾属之智何如矣！

　　盖当时湖南新政办有端绪者，在教育警察裁判三事，此保卫局即效警察署之规模也。黄遵宪以为警察一署，为凡百新政之根柢，若根柢不立，则无奉行之人，而新政皆成空言。故首注意于是，先在长沙试办，初办之时，旧党谤议，愚民惊疑，及开办数月，商民咸便之，此次政变以后，百举皆废，惟保卫局因绅民维持，得以不废，此亦兴民权之利益也。黄遵宪为按察使，职司刑狱，故锐意整顿裁判监狱之事，删淫刑之陋俗，定作工之罚规，民甚感之。

　　中国向来守旧之徒，自尊自大，鄙夷泰西为夷狄者无论矣，即有一二号称通达时务之人，如李鸿章、张之洞之流，亦谓西法之当讲者，仅在兵而已，仅在外交而已，曾无一人以蓄养民力，整顿内治为要务者。此所谓不务本而欲齐其末，故虽日日言新法，而曾不见新法之效也。彼辈病根之所在，由于不以民为重，其一切法制，皆务压制其民，故不肯注意于内治。盖因欲兴内治，不能不稍伸民权也。观于湖南之事，乃知陈宝箴、黄遵宪等之见识远过李鸿章、张之洞万万矣。

自时务学堂、南学会等既开后，湖南民智骤开，士气大昌，各县州府私立学校纷纷并起，小学会尤盛，人人皆能言政治之公理，以爱国相砥砺，以救亡为己任，其英俊沉毅之才，遍地皆是。其人皆在二三十岁之间，无科第，无官阶，声名未显著者，而其数不可算计。自此以往，虽守护者日事遏抑，然而"野火烧不尽，春风欢又生"。湖南之士之志不可夺矣，虽全国瓜分，而湖南亡后之图，亦已有端绪矣。今并将启超所撰南学会序附载于下，阅者可以知立此会之宗旨焉。

岁十月，启超以湘中大夫君子之督责，辞不获命，乃讲学于长沙，既至而湘之大夫君子，适有南学会之设，不以启超为不文也，而使为之序，序曰：呜呼！今之箫时变者，则曰八股不废，学校不兴，商政不修，农工不饬，民愚矣，未有能国者也。蒙则谓八股即废，学校即兴，商政即修，农工即饬，而上下之弗矩絜，学派之弗沟通，人心之无势力，虽智其民而不能国其国也。敢问国，曰有君焉者，有官焉者，有士焉者，有农焉者，有工焉者，有商焉者，有兵焉者。万其目，一其视。万其耳，一其听。万其手，万其足。一其心，万其心。一其力，万其力，一其事。其位望之差别也万，其执业之差别也万，而其知此事也一，而其志此事也一，而其治此事也一，心相构，力相摩，点相切，线相交，是之谓万其途，一其归，是之谓国。有国于此，君与君不相接，官与官不相接，官与士不相接，士与士不相接，士与农与工与商与兵不相接，农与农、工与工、商与商、兵与兵不相接，如是乃至士与君不相接，农工商兵与官不相接，之国者何国矣？曰使其国千人也，则为国者千，便其国万人也，则为国者万，呜呼不得谓有国焉矣。今夫躯万也，心万也，力万也，位望万也，执业万也，虽欲一之，孰从而一之。吾乃远稽之三代，乃博观于泰西，彼其有国也必有会，君于是焉会，官于是焉会，士于是焉会，民于是焉会，旦旦而讲之，昔昔而摩厉之，虽天下之大，万物之多，而惟强吾国之知，故夫能齐万而为一者，舍学会其曷徒与于斯。昔普之覆于法也，普不国也，时乃有良民会，卒报大仇也。法之覆于普也，法不国也，时乃有记念会，不数年而法之强若畴昔也。意大利之轭于教皇也，希腊之轭于突厥也，意与希不国也，时乃有保国会，保种会，卒克自立，光复旧物也。日本之劫盟于三国也，日不国也，时乃有萨摩长门诸藩侯激厉其藩士，畜养其豪杰，汗且喘走国中，以倡大义，一啸百吟，一伸百问疾，时乃有尊攘革政改进自由诸会党，继轨并作，遂有明治之政也。今夫以地之小如日本，民之寡如日本，幕府秉政以来，士之偷民之靡国之贫兵之弱，如日本，君相争权，内外交讧，时务之危蹙如日本，当彼之时，其去亡也不容发，而卒有今日，则岂非会之为功，有以苏已死之国，而完瓦裂之区者乎？嗟夫！吾中国四万万人，为四万万国之日盖已久矣。甲午、乙未之间，敌氛压境，沿海江十数省，风声鹤唳，草木兵甲，举国自上达下，抱头护颈呼妻唤子，苍黄涕泣，戢戢待絷刲，犹可言也。曾不数月，和议既定，偿币犹未纳，戍卒犹未撤，则已以歌以舞，以遨以嬉，如享太牢，如登春台，其官焉者依然惟差缺之肥瘠是问，其士焉者依然惟八股、八韵、大卷、白折之工窳是讲，即有一二号称知学之英，忧时之彦，而汉宋有争，儒墨有争，夷夏有争，新旧学有争，君民权有争，乃至兴一利源，则官与商争，绅与民又争。举一新致，则政府与行省争，此省与彼省又争。议一创举，则意见歧而争，意见不歧而亦争，究之阴血周作，张脉偾兴，旋动旋止，只视为痛痒无关之事，而其心之热力，久冰销雪释于亡何有之乡，而于国之耻，君父之难，身家之危，其忘之也抑已久矣，曾不知中国股分之票，已骈阗于西肆；瓜分中国之图，已高张于议院，持此以语天下，天下人士犹瞠目莫之信，果未两载，而德人又见告矣，今山东胶湾之据，闽海船岛之割，予取予携，拱手以献，不待言矣。而其欲犹未厌，其祸犹未息，试问德人今日必索山东全省改隶德版，我何以拒之？试问俄人今日以一旅兵收东三省、直隶、山、陕，我何以拒之？试问法人今日以一介使索云贵两广，我何以拒之？试问英人今日以一纸书取楚、蜀、吴、越，我何以拒之？然则所恃以延一线之息，偷一日之活者，恃敌之不来而已。敌无日不可以来，国无日不可以亡，数年以后，乡井不知谁氏之藩，眷属不知谁氏之奴，血肉不知谁氏之俎，魂魄不知谁氏之鬼，及今犹不思洗常革故，同心竭虑，摩荡热力，震撼精神，致心畈命，破釜沉船，以图自保于万一，而犹禽视鸟息，行尸走肉，毛举细故，瞻前顾后，相妒相轧，相距相离，譬犹蒸水将沸于釜，而鯈鱼犹作莲叶之戏，燎薪已及于栋，而燕雀犹争稻粱之谋，不亦哀乎？今夫西人不欲分裂中国斯亦已矣，苟其欲之，如以千钧之弩溃痈，何求不得，何愿不成，然又必迟回审顾，累岁而不发者，则岂不以彼之所重者在商务，一旦事起，沦胥糜烂，而于彼固非有所大利，故苟可已则无宁已也。而无如中国终不自振，终不自保，则其所谓沦胥糜烂者，终不能免，而彼之商务，无论迟速，而必有受牵之一日。故熟思审处，万无得已，而势殆必出于瓜分云尔。然则吾苟确然示之以可以自振可以自保之机，则其谋可立戢，而其祸可立弭，昭昭然矣。此所以中东之役以后，而泰西诸国犹徘徊莫肯先动，以待我中国之有此一日，乃至三年，一无所闻，而德人之事，乃复见也。夫所谓可以自振可以自保之机者何也？即吾向者所谓齐万而为一，而心相构而力相摩而点相切而线相交，盖非是而一利不能兴，一弊不能革，一事不能办。虽曰呼号痛哭，奔走骇汗，而其无救于危亡一也。吾闻日本幕府之末叶，诸侯拥土者数十，而惟萨长土肥四藩者，其士气横溢，热血奋发，风气已成，浸假遍于四岛。今以中国之大，积弊之久，欲一旦联而合之，吾知其难矣，其能如日本之已事，先自数省者起，此数省者其风气成，其规模立，然后浸淫披靡，以及于他省，苟万夫一心，万死一生以图之，以力戴王室，保全圣教，噫，或者其犹可为也。湖南天下之中，而人才

之渊薮也。其学者有畏斋、船山之遗风，其任侠尚气与
日本萨摩长门藩士相仿佛，其乡先辈若魏默潦、郭筠
仙、曾劼刚诸先生为中土言西学者所自出焉，两岁以
来，官与绅一气，士与民一心，百废具举，异于他日，
其可以强天下而保中国者莫湘人若也，今诸君子既发大
愿，先合南部诸省而讲之。庶几官与官接，官与士接，
士与士接，士与民接，省与省接，为中国热力之起点，
而上下从兹其矩絜，学派从兹其沟通，而数千年之古
国，或尚可以自立于天地也。则启超日日执鞭以从诸君
子之后所忻慕焉。

附录三　光绪圣德记

第一章　上舍位忘身而变法

上以变法被废，仁至义尽，其委曲苦衷，罕有知之者。
乙未年上欲变政，旋为西后所忌。杖二爱妃，逐侍郎长麟、

汪鸣銮，流妃兄侍郎志锐，褫学士文廷式，永不叙用。皆以诸臣请收揽大权之故，太监寇连材请归政，则杀之。于是上几废，以醇酒自晦仅免，乃能延至今岁，长麟者素亢直，恭亲王倚用之人也。及革长麟奉懿旨时，上述旨，恭亲王跪哭问何故，上挥手曰："不必问。"君臣相向对哭，恭邸哭至不能起。文廷式请上收大权，上摇手嘱勿言，上知一揽政权，西后必见忌也久矣。及旅大继割，上曰："我不能为亡国之君，若不假我权，我宁逊位。"盖明知西后之忌，而至是亦不能避也。惟有致命遂志，冀补救而已。四月二十三日，甫下国是之诏，而二十七日西后即逐师傅翁同龢，命荣禄出督直隶，总制董、聂、袁三军，下诏阅兵，令二品以上大臣递摺召见，于是训政废立之局定矣。夫翁同龢为上二十余年师傅，上之亲臣只此一人，既逐矣，西后新见大臣，令其明递折矣。散督办处令其私人统诸军矣。训政幽废之事，上岂不知，盖以坐听西后之纵肆守旧，地必尽割，而国必偕亡，与其亡国而为轵道之降，煤山之续，既丧国辱身，贻谤千古，不如姑冒险而变法，幸则犹可望收政权而保国土，不幸亦可大开民智，而待之将来中国或可存一线焉。当是时也，社稷为重，而君位为轻，以民为贵而身为贱，无人与谋，独断圣心，决然冒险犯难而行之。如项羽之破釜沉舟，如宾须无之背城借一，其济则祖宗之灵也，其不济则听其废听其幽听其弑，其以死殉社稷，以死告祖宗，以死对四万万臣民，宁甘为唐中宗、魏显宗之废杀于淫姿，以白其志于天下，而不忍为刘禅之归命，徽钦之青衣，以一身任亡国之耻辱。盖自归政十年，隐忍踌躇，盘桓待时，一恨于失安南，再恨于割辽

戊戌政变记

台，三恨于割胶旅，与其中割铁路、轮船、矿产、商务、兵权，种种怀羞蒙耻，抱恨含怒，郁积沉详，深思熟权，不得已而后以身殉天下。于是皇上誓不为天津阅兵之行。盖亦留以有待，不幸为权奸变而早发，将帅不忠，遂至幽废。然八股既废，学堂、学会、报馆，云瀚波沸，数千万人士腾奋踊跃，竞共讲求，即使复废，而开数千万人士之智，成效既见，不能得抑中国一线之不亡，或赖于此，维新爱民之诏书，朝发暮下，海内外读诏书者为之流涕，人人皆有中国自强之望，及闻幽废，咸哭泣失声，涕不可仰。（横滨商人大同学校学生则已然矣。）咸哀失我圣主，如丧慈母，且虑中国从此亡，盛德遗爱如此。鸣呼！我皇上之舍位忘身，以救天下，自古之至仁大慈，岂有过此者哉？宁幽废篡杀于姜母，而不忍含垢蒙羞于亡国，其权衡至当，大义明决，岂有过此哉？而说者或疑为急激，或讥不能坚忍，夫忍之十年，淫肆听之，土木听之，纵宦寺开货贿听之，任权奸用昏谬听之，尽亡属国听之，丧师辱国听之，遍割边地听之，尽输宝藏尽失权利听之。日日熟视，年年画押，以一身任祖宗之统，人民之寄，坐受天下万世之责，敌国外患之侮，若是者十年，日甚一日，年甚一年，自视其国将为土崩，将为瓦解，将为豆剖，将为瓜分，将为鱼烂，将为波兰，将为印度，将为安南，将为缅甸，祖宗大业，从此陨坠，神州民庶，从此陆沉，宗庙社稷，将不血食，钟将堕顿，衣冠将涂炭。宫阙将禾黍，若是者无所知识，酣寝薪火则已，令稍有知识，每一念至，发愤汗下，怒发上指，目眦欲裂，不可一旦忍，况圣明如我皇上者，观万国若观火，念万民在涂炭，既仁且智，又安能忍？然而沉几待变，忍辱负重，含垢忍尤，于今十年，至待之无可待，忍之无可忍，而后出此，即不然，则安坐以待之，从容以忍之。一切再听西后所为，则九月天津阅兵幽废如故，而圣明英武不著，盛德不暴于天下，遗爱不留于百姓，更附益以谤言，则真为昌邑之续耳。况加以有割地削权之辱，则诬为得罪于祖宗，得罪于天下，亦何能见白于天下后世哉？固以为废之为宜耳。即幸而不废，再坐听西后之恣肆游佚，兴土木，纵宦寺，任权奸，用昏耄，但保颐和咫尺之园。而日日割地失权，坐亡万里祖宗之天下而不顾，则终之变为子婴之舆榇，怀愍之行酒，幸亦仅为安南之虚名，不幸则为缅甸之被虏，其知者责以敝笱不能制大鱼，比于鲁庄不能防文姜，六极之弱，失天下不能无罪。其不知者则傅会文致尽，以魏胡灵后之行事之丑归之于明庄烈帝，责以无道亡国，亦复谁能辩者。岂若今即幽废，而激天下之怒，则朱虚、平、勃、柬之、敬业，犹有望焉以保国祚，呜呼！我皇上处至难境，难白之地，而卒以仁智垂功德于天下，舍身轻万乘，而思以保国救民，自非至圣仁人，孰能若此者乎？

第二章　新政皆无人辅佐而独断

皇上英断绝人，当五月以来，变行新法，上之亲臣只翁同龢一人，早已驱逐，其枢臣中皆守旧庸懦，无一通古今中外之才，无一人愿赞维新，并无一人能备顾问者，乃至内外诸大臣皆然。以上之明，日与诸守旧衰谬之臣相见相接，无一能稍酬圣意，稍答圣问者，行事无所与谋，画策无可与决，立法无可与议，疑义无可与难，掌故新法无可与问。当是时，上读古今中外之书甚多，讲西法甚熟，皆远出诸大臣千万，而诸臣非惟不能佐助，若刚毅且挟西后李联英之势，每事必与上忤。而上无逐大臣之权，无用人之权，虽有所善，不能置一人于左右，朝夕谋议，以问天下之人才，知天下之情势，考中外之形局，斟酌损益变法之宜，条理构画新法之全局，虽欲开制度局懋勤殿而不能也。即有可信任之人，非徒不敢用，且避嫌不敢多见，以备顾问。谋议一事，仅藉奏折以通之，而奏折皆与天下共之，故上有欲疑问谋议而不能，下欲请委曲措施而不可，以新法之重大，用人行政之要，从古所难，未有不藉一人毗赞谋议，而能敷政优优者，上乃一切独断，裁自圣心，五月至七月九十日之中，新政大行。从善如转圆，受言如流水，虽上压于西后，下阻于群臣，而规模广大，百度维新，扫千载之政弊风，开四万万人之聪明才智，流风善政，美不胜书。民望蒸蒸，国势日起，以二千年来之贤君英主，在位数十年之久，贤才数十人之多，可书之事，可传之政，未有若我皇上无权无助行政九十日之多者，令有全权，多贤辅而久道化成，岂止孕虞育夏，甄殷陶周哉？算学家之反正比例可以推矣。

第三章　群僚士民皆许上书

国朝天泽极严，君臣远隔，自内而公卿台谏，外而督抚，数百十人外，不能递折，其庶僚名虽许由堂官代递，士民许由察院代递，而承平无事，大臣亦稀谏书，故壅闭成风，庶僚士民既不上书，堂官察院亦不肯代递，故虽有四万万人，实数十资格老人支拄掩塞之而已。圣祖世宗时，各道尚间有递折者，嘉道后则绝无之。故疾苦如山，积弊如海，九重万里，无由闻知。向来譬之如十七重浮屠，层层塞隔，虽有才人志士，扼腕嗟叹，而敌患民隐，无由达于上听，良言嘉谟，无由入告于后，即以恭亲王虽为亲藩，位犹人臣，而士夫不能见，不能上书。故在总署三十余年，聪明绝人，而万国情事不能解。舆图亦未能详考，盖尊贵太甚，壅蔽必多故也。余若宰相、大臣、督抚、司道，皆士民所不能上书者，盖蔽塞甚矣。即前朝间有太学生上书，亦绝无民人上书者，皇上乃欲尽知民隐，欲尽觇天下人才识破尽壅塞，荡开堂壁，既劝开报馆以求昌言，复许藩臬道府上折，既许群僚及州县递奏，并许士民上书，又恐诣阙为难，听在外由州县封递，非徒国朝所无，亦千古所未有，考通史而不得见者也。于是怀才抱志之士，望风云集，咸得吐胸臆纾实学于圣主之前，九流并凑，百孔同和，上备嘉纳，见之施行，真千古未有之盛遇也。四万万人中，凡有疾苦，凡有积滞，凡有才贤，孰不呈露破除于圣主之前乎。广闻见而决积壅，通下情而达民隐，坐一室而知四海，不窥户牖而知天下，非圣人而能若是乎。

第四章　豁达大度

国朝堂陛既严，又承平日久，权臣和珅、穆彰阿之流，以督责箝群臣之口，奏折中一字之失，一画之误，体裁少谬，非徒严谴，有得重祸者，故群僚畏谨恐不自保，石庆马五尾

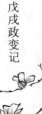

之获罪也久矣。当群僚上书之日，多出草野，不谙奏折体式，或有官衔在上，或称职不称臣，或称呈不称奏，体裁杂沓，上皆不问，明降上谕曰：吾欲觇举国人才识耳。体式何责焉？至有野民渔人上书，用二尺之长条，称及皇上亦不抬头，皇上笑而置之，求言之深，求才之切，宽小故而举大谊，大度容人，盖自古所未见焉。

第五章　日昃勤政

承平日久，大臣皆以资格进用，偷惰度日，阻隔言路，章奏日稀，入直即退。既许群僚及士民上书后，都察院每日递折数十，各署亦然，折厚有至百数十开者。上鸡鸣而起，日晡乃罢，犹不能尽。上乃自阅其要者，余令谭嗣同四京卿入军机览阅，然每日犹不能毕。或请少加制限，上终不倦，不肯限制，此又自古所无，先是章奏或少，上端坐穆思前日之折，斟酌施行。退朝则考读西法新政之书，日昃不遑，其勤政如此。

第六章　求才若渴

唐宋皆五日一朝群臣，明世见大臣尤稀，神宗乃至二十九年不见臣下。国朝立法，每日必召群臣，不间寒暑。皇上求才若渴，海内豪俊，日有荐举。每日除枢臣大臣及值员外，召见荐举人才，垂问勤勤，或过一二时许，称旨者擢用，拟开懋勤殿以谋议制度。用外国通才以备充顾问，考数月内荐举之多，为国朝所未见，上之求才若渴如此。

第七章　破格用人

资格用人，至国朝而极矣，汉人举孝廉为郎，擢议郎为守，入朝即可为三公。我朝则御史九转乃致五品卿，侍郎则左右偏历乃能陟都宪，编检郎曹十余年乃得补缺开放，若循资久者皆至大僚，以是士气阘葺。夫汉武帝明太祖擢用英豪，皆有不次之擢以厉士气，故人人有进取之心。皇上于袁昶、岑春煊一言，皆超授藩司，王照不畏强御，则以主事而擢四品卿，江标督湖南学政，唱新政有声，则擢四品卿。黄遵宪官湖南有声，则擢三品卿，使日本。郑孝胥召见称旨，则由同知超授道员。若四军机，则杨锐以内阁侍读，刘光第以刑部主事，谭嗣同以知府，林旭仅以会试举人中书，并授四品卿，参预新政。参预新政者，实为宰相矣。其徐致靖、王锡蕃以少詹学士作署礼部侍郎，固为超授，即李端以仓督授礼部尚书，尚是超擢，以礼尚多由兵、刑、工三部推移，无有由侍郎上擢者也。若袁世凯之由按察使擢侍郎，吴懋鼎、端方、徐建寅以道员擢三品卿，皆不吝通爵官，以待天下之士。令士气耸动，人人有拔用之望，相与讲求，即康有为以主事召见，已为咸丰以来四十余年未有之创举。若以主事专折奏事，尤为国朝旷典所无，其破格以待天下之士，实有汉武帝明太祖之风。高武远蹈，可以为开创之规模焉。

第八章　明罚敕法

二品大臣以上，向请命于西后，上无权焉。然明罚敕法，尚有雷霆振厉之风，以壅塞言路之故，尽褫礼部全堂尚书侍郎六人，逐敬信李鸿章出总署，实有大明黜陟之力，无权犹如此。若有全权，则守旧迁谬之人，必难偷惰取容者矣，荣禄深畏英明，自恐不保，故及于难。然深宫隔绝，无人与谋，不知外事，但观英断，已合武人志刚之义，可以见英绝之才矣。

第九章　用人不惑

皇上信用英贤，不摇于疑谤，翁同龢为上二十余年之师傅，尊信固矣。康有为以一新进小臣开保国会事，潘庆澜、黄桂鋆、李盛铎三人言之，上不及问召见一次，而尚书许应骙，御史文悌叠攻之，上皆不惑，且因此而罪许、文，大学士孙家鼐亦有言，其余谗谤之说，或诬其自为教主，自为民主，不可听闻，上皆不惑，湖南举人曾廉请杀有为，又诬引梁启超言行一切民主民权之说，加诬以《扬州十日记》攻满洲之言，上非徒不惑，尚虑西后见折而怒，特命谭嗣同条条议驳，长至千余言，乃以折呈西后，及西后听谣谤欲害有为，上即促令出上海以俾之行，其曲折保全之意，绝出人意表，又非徒不为谗间所人而已。湖南抚臣陈宝箴，学臣江标，臬臣黄遵宪，绅士谭嗣同，皆为湖南旧党士大夹攻，都御史徐树铭御史黄均隆前后劾之，其后劾者叠起，上非徒不问，江黄皆超擢京卿，陈宝箴又特旨嘉奖，于是言者少息，上之用人不疑如此。

第十章　从善如流

士无贵贱，凡有献纳，莫不降旨立行，从善如转圜，九十日中，亲政无数，去数千年之积弊，虽向来英君令辟，临政数十年，可书之事，未有皇上九十日之多者，岂非绝世间出之圣主哉？

第十一章　俭德谨行

皇上向来俭德，岁费数万金，御案破而不修，案上黄布旧而不换，地或无毡。西后之宫，日兴土木，而上御之殿，破坏不少修，即文华殿常见外国使臣，而尘旧不堪，不加涂黝，内务府惟知媚西后，不顾上之服御，上亦不问也。西后日纵嗜欲，日日传戏，上雅不好妃嫔，仅珍瑾二妃，瑾妃死矣，今仅珍妃一人，太监寥寥，上绝无他嗜，目不邪视，足不妄行，口无妄语，惟好读书，间及西国新式精奇器物，以考其制造之奇而已，盖俭德端行，出自天性也。

第十二章　好学强记

皇上圣德睿明，学问渊深，枢臣某公曾语予曰："上性强记，阅奏折极敏速，偶有奏折稍少之日，即端坐追思旧折。

有及数月前数年前者，枢臣皆忘之，上犹能指出某人所奏某事，故枢臣多以此被谴责。"梁启超所著《变法通议》，进呈两日，梁启超召见，上发出其书，令订正漏误，皆粘出片纸，其精细勤敏如此，有为进呈之《日本变政考》，连日被促，一册甫上，阅日即催，盖读书之敏可见，盖所从之师傅，学问深博，故上之文学本源极厚，书法钟颜，端厚浑朴，诗文极雅，（今上谕多上亲笔，丙戌会试，传诵斋宫御制诗已极雅，外论疑上之文学，或言及游戏之事，皆李联英欲倾上，造谣以散人心，无是事也）上退朝之暇，手不释卷，绝无嗜好，既无权则惟以读书为事，故读书极多。昔岁无事，旁及宋元版本，皆置懋勤殿左右，以及汉学经说，并加流览。及胶旅变后，上怒甚。谓此皆无用之物，命左右焚之，太监跪请不许，大购西人政书览之，遂决变政。（上焚宋元版书事，多有议上之太过激者，太监多走告西后，以上讲西书，又谓上入西教者，谣谤纷纭，然从古英主刚决多如此，焚雉裘以戒奢，破釜舟以作勇，岂能议其暴殄天物乎？偶一举事，以著其发愤之心正，以见蹈万之意也，守旧者以常例訾之，何足算哉？）

第十三章　养晦潜藏

自归政后十日，上不甚决政事，大臣或谓上性质弱，明而不英，多误信之。及观新政之行，督责大臣，推布新政，日新月盛，及黜权奸壅蔽之罪，擢通达英勇之士，施破格之赏罚，若雷动而雨注，于是知昔者不决政事，尽以事权不属，养晦待时也。今以英明一露，即被废立，然后知上十年来之忍辱养晦，为不可及也。

第十四章　特善外交

中国夷夏之戒，从古极严。自宋人败割于金，汴京屡破，二帝蒙尘，饮恨吞声，胡安国之传春秋，专发此义。而大地未通，未知万国别有文明，一例以匈奴突厥视之，此守旧诸人之心识，所以不肯变法，而傲侮强邻，不通外交者也。上博览西书，深通万国，意存平等，亲视友邦，其文明之国，尤能重视，独明大局，破弃小嫌。日本新有割台湾之事，国人咸疏恶之，而上知其变法文明，昔急自立，今欲亲好，于黄遵宪之东来，亲以朱笔改定国书，为同洲至亲至爱之国六字，德主之弟亲王轩利来觐，群臣斤斤争典礼，上独曰：不必争小节，失大局，许赐之坐。起立见之，亲与握手，此国朝所未有。非德人所争，而上自定之者，暨日相伊藤博文来游，请觐，上亦赐之坐。朝鲜故吾属国，经事后，听其自立，然以旧体，不肯与通国书，上亦慨然许之，廷臣拟国书犹靳其称，称为朝鲜国主，上亲改之，还其帝号，其不计小节，能外交，破旧日疏傲之虚文，而务行保国爱民之新政，以国之自立，在此不在彼也。

第十五章　爱民忘位

中国以孔学教士夫，以老学治国，二者相持二千年。其

戊戌政变记

务施仁政，除苛虐以惠民生者，诸儒日持经义，争之于朝，而积久历渐，以有宽政及今日之民者也。然自韩非倡督责术私国愚民术，而秦用之，汉人从之，后世帝王皆以私国愚民督责术为传子孙秘策，外虽间施孔学大义以结民心，实皆欲固权位以箝制其下，故虽知有开民智听民议之善政而不欲行。夫以四万万之民，二万里之地，而弱至此，惟愚民之故。皇上蒿目时艰，殷忧危亡，汲汲变法，群臣言者除大乖谬，无不立从，大学士孙家鼐病之，谏曰："方今外患殷迫，诚不可不变法，然臣恐变法后，君权从此替矣。"时各报多有言民权者，上又欲开议院，故孙家鼐言及此，上曰："吾变法但欲救民耳，苟能救民，君权之替不替何计焉？"呜呼！皇上无私其位之心，但有救民之志。虽尧舜之圣，岂有加诸，又议院者皆各国之民以死争之而后得，俄罗斯之民以死争之百年而不能得者，而我皇上乃自欲开之，好善如不及，而无一丝毫之私心，上谕有一民不被泽，朕躬未为尽职，又有使天下知其君之可恃语。呜呼！至公至仁，孰有若我皇上者乎？后以臣下言民智未开，守旧太多，开议院则益阻挠新政，上乃悟曰：待后数年乃行之。然命众至庭，谋及庶人，辟门吁俊，合宫总章，明堂之良法美意，上固已躬先之矣。